Gottfried Gabriel
Definitionen und Interessen
Über die praktischen
Grundlagen
der Definitionslehre

problemata
frommann-holzboog   13

In der Reihe *problemata* kann zum selben Problem eine Monographie, eine Anthologie und ein Essay-Band erscheinen.
© Friedrich Frommann Verlag Günther Holzboog KG
Stuttgart-Bad Cannstatt 1972
ISBN 3 7728 0369 5 (Ln.) — ISBN 3 7728 0370 9 (Br.)

Gottfried Gabriel (* 1943), Dr. phil., Akademischer Rat im Fachbereich Philosophie der Universität Konstanz.

Dieses Buch untersucht die Legitimierbarkeit von Definitionen im Hinblick auf das Verhältnis von Definitionen und Interessen. Legitimationsforderungen entgegen steht die These von der Willkürlichkeit der Definitionen, die deshalb eine ausführliche Darstellung an Hand ihrer Befürworter und Gegner erfährt. Der Versuch ihrer Widerlegung führt zunächst über den definitionstheoretischen Rahmen hinaus zu Fragen der praktischen Philosophie (Ethik etc.) und zurück zum Problem der Definierbarkeit der Termini der praktischen Philosophie selbst. Dabei werden Rekonstruktionen der Begriffe 'klar' und 'deutlich' und der Unterscheidung von Nominal-, Real- und Wesensdefinition eingebracht.

This book investigates the justifiability of definitions with respect to the dependency between definitions and interests. Presented is an extensive treatment of the thesis about the arbitrary character of definitions, which is opposed to such claims of justification, and its development by its proponents and opponents. The refutation of this thesis leads beyond the scope of the theory of definition into questions of practical philosophy (ethics etc.) and there again back to problems of definability of the very concepts of practical philosophy. Along the way reconstructions are given of the concepts 'clear' and 'distinct', and of the distinction between nominal, real and essential definitions.

"When *I* use a word", Humpty Dumpty said in rather a scornful tone, "it means just what I choose it to mean — neither more nor less."
"The question is", said Alice, "whether you *can* make words mean so many different things."

L. Carroll: Through the Looking Glass

Inhalt

Vorbemerkung — 11

1. Einleitung — 13
2. Das Problem des definitorischen Anfangs und die Willkürlichkeitsthese — 15
   - 2.1. Hobbes — 15
   - 2.2. Leibniz — 19
   - 2.3. Mill — 23
   - 2.4. Frege — 30
   - 2.5. Der Logische Empirismus — 53
     - 2.5.1. Dubislav — 53
     - 2.5.2. Carnap — 55
3. Das Problem der Legitimation von Definitionen — 63
   - 3.1. Wittgenstein und die Ordinary Language Philosophy — 63
   - 3.2. Lorenzen und die Methodische Philosophie — 68
4. Definitionen und Interessen — 83
5. Das Problem der Definierbarkeit von Reflexionstermini: Über die Möglichkeit praktisch-philosophischer Argumentation — 97
   - 5.1. Die Antwort der Tradition — 97
   - 5.2. Das Begriffspaar „klar und deutlich" und die Rolle der Beispiele — 101
   - 5.3. Real- und Wesensdefinition — 115
6. Schlußbemerkung — 125

Literaturverzeichnis — 127

Personenregister — 132

Sachregister — 134

Vorbemerkung

Die vorliegende Arbeit ist entstanden während einer mehrjährigen Beschäftigung mit Fragen der Definitionslehre. Wesentliche Anregungen sind vor allem von Gesprächen mit Herrn Prof. Dr. F. Kambartel ausgegangen. Für Diskussionsbereitschaft und Verbesserungsvorschläge habe ich ferner zu danken den Herren Dr. B. Badura, Prof. Dr. Y. Bar-Hillel, Prof. Dr. J. Mittelstraß, C. Pereda, A. Veraart M. A. und den Teilnehmern meiner im WS 69/70 an der Universität Konstanz abgehaltenen Lehrveranstaltung zur Definitionstheorie.

Konstanz, im Februar 1972

1. Einleitung

Angesichts der vielfältigen Definitionsarten, der unterschiedlichen Auffassung über Zulässigkeit bzw. Unzulässigkeit dieser Arten, der Tatsache, daß um die Definition bestimmter Termini heftig gestritten wird, und der gegensätzlichen Meinungen darüber, was Definitionen eigentlich sind, gibt es (mindestens) drei (sich nicht ausschließende) Möglichkeiten, sich zum Begriff der Definition zu äußern.
Erstens kann man einen Bericht darüber verfassen, welche Ansichten über Definitionen es gegeben hat oder gibt. Zweitens kann man eine Untersuchung darüber anstellen, wovon es im einzelnen abhängig ist, daß so unterschiedliche Auffassungen über Definitionsarten und Definitionen bestimmter Termini vertreten werden. Drittens kann man in die anhaltende Diskussion selbst eingreifen.
In der vorliegenden Arbeit wird partiell von allen drei Möglichkeiten Gebrauch gemacht. Nur partiell deshalb, weil es hier nicht um eine vollständige Darstellung des gesamten Problembereichs gehen soll, sondern um die Analyse einiger bisher zu wenig berücksichtigter Aspekte, vor allem des Verhältnisses von Definitionen und Interessen. Allerdings ist für eine abschließende Betrachtung unter diesem Aspekt so viel Vorarbeit zu leisten, daß auch die traditionellen Fragen des Definitionsproblems zur Sprache kommen müssen. Die Geschichte dieser Fragen zeigt, daß die verschiedenen Definitionslehren zu einem großen Teil durch unterschiedliche methodologische Erkenntnisinteressen (Erkenntnisziele) bedingt sind. In dieser Hinsicht lassen sich drei Typen unterscheiden:
1. Das Definitionsproblem als Problem des sprachlichen Aufbaus von Wissenschaft.
2. Das Definitionsproblem als Problem des sprachlichen Aufbaus einer bestimmten Wissenschaft.
3. Das Definitionsproblem als allgemeines, über den wissenschaftssprachlichen Rahmen hinausreichendes Problem der Angabe von Wortbedeutungen.
Die Vertreter von (1) und (2) orientieren sich überwiegend an der Logik, der Mathematik und den Naturwissenschaften. Eine Erweiterung auf andere Bereiche, wie z. B. die Sozialwissenschaften und die Rechtswissenschaft, ge-

schieht dabei meist in Anlehnung an die sogenannten exakten Wissenschaften. So ist die Geschichte des Definitionsproblems eng mit der Geschichte der exakten Wissenschaften verbunden. Dies wird besonders an der mathematischen Logik deutlich. Im gleichen Maße, wie die mathematische Logik das neue Wissenschaftsideal verkörpert, werden auch die Forderungen an „eigentliche" Definitionen rigoristischer. Hier ist vor allem Frege und der von ihm ausgehende Logische Empirismus zu nennen. Mit Wittgensteins Kritik an dem Exaktheitsideal der vom Wiener Kreis und anfangs von ihm selbst postulierten Einheitswissenschaft erfährt das Definitionsproblem nicht nur eine Erweiterung über den engen wissenschaftssprachlichen Rahmen hinaus auf allgemeine Probleme der Angabe und des Verstehens von Wortbedeutungen, sondern im Gefolge dieser Kritik werden auch relevante Lösungsvorschläge für das Problem der Legitimation von Definitionen angeboten, deren Überprüfung im Lichte des Verhältnisses von Definitionen und Interessen das Hauptanliegen dieser Arbeit ist.

Den Legitimationsforderungen an Definitionen steht entgegen die These von der Willkürlichkeit der Definitionen. Diese These erfährt deshalb im ersten Teil der Arbeit zusammen mit dem Problem des definitorischen Anfangs eine ausführliche Darstellung. Der Schwerpunkt liegt dabei auf einer genauen Analyse der Schriften Freges, der die gegenwärtige Definitionstheorie maßgeblich beeinflußt hat. Als motivierender Einstieg in die Fragestellung der Arbeit dient die philosophiehistorische Verfolgung der Diskussionslinie Hobbes—Leibniz—Mill. Sie eignet sich besonders gut zu diesem Zweck, weil sie nicht eine bloß zeitliche Folge darstellt, sondern einen Argumentationszusammenhang bildet. So setzt sich Leibniz mit Hobbes auseinander und Mill wiederum mit Hobbes und leibnizschen Auffassungen. Darüber hinaus haben die Positionen von Hobbes, Leibniz und Mill exemplarischen Charakter für die Behandlung des Definitionsproblems überhaupt.

Die Widerlegung der Willkürlichkeitsthese führt zunächst über den definitionstheoretischen Rahmen hinaus zu Fragen der praktischen Philosophie und dann wieder zurück zum Problem der Definierbarkeit der Termini der praktischen Philosophie selbst, vor allem ihrer Reflexionstermini, die am meisten Anlaß zu „Wortstreitigkeiten" gegeben haben und geben. Im Anschluß daran wird ein Neuüberdenken der *Möglichkeit* praktisch-philosophischer Argumentation notwendig, das mit einem Rekonstruktionsversuch des Begriffspaars „klar und deutlich" und der Unterscheidung von Nominal-, Real- und Wesensdefinition abgeschlossen wird.

2. Das Problem des definitorischen Anfangs und die Willkürlichkeitsthese

2.1 Hobbes[1]

Hobbes entwickelt seine Lehren im Anschluß an Galilei und Descartes. Ihm schwebt ein System der Wissenschaften vor, dessen sämtliche Sätze auf streng deduktivem Wege nach Art der Geometrie gewonnen werden. Bemerkenswert ist, daß er sich nicht auf die exakten Wissenschaften beschränken will, sondern auf diese Weise auch die Ethik und Staatslehre begründen will. Die Deduktion hat nach Hobbes syllogistisch vorzugehen. Als Prämissen erkennt Hobbes nur Definitionen und solche Sätze an, die aus anderen Definitionen bereits auf syllogistischem Wege gewonnen wurden. Hieraus erhellt die grundlegende Bedeutung der Definitionen bei Hobbes für den gesamten weiteren Aufbau. Sie ergeben ihm die einzige *materiale* Basis der Wissenschaft, die „Prinzipien". So erkennt Hobbes z. B. „Axiome" nicht als Prinzipien an. In paradox anmutendem Kontrast hierzu steht seine Aussage, daß Definitionen willkürliche Festsetzungen seien[2]; denn dies bedeutet, daß alle Wahrheiten letztlich auf willkürlicher Festsetzung beruhen[3], und dieser Ansicht scheint Hobbes auch zu sein[4]. Es soll untersucht werden, wie ernst Hobbes

---

1 Hobbes' Überlegungen zur Definitionslehre finden sich vorwiegend in der Schrift *Elementorum philosophiae sectio primo de corpore* (Abk.: *De corpore)*; in: *Opera philosophica quae latine scripsit*, 5 Bde., hg. v. *W. Molesworth.* London, 1839—45, Bd. I. Von Hobbes selbst angefertigte erweiterte und veränderte engl. Übers.: The English Works, 11 Bde., hg. v. *W. Molesworth*, London, 1839—45, Bd. I. Die Schrift wird deutsch zitiert in Anlehnung an die Ausgabe der Philosophischen Bibliothek: *Vom Körper (Elemente der Philosophie I)*. Hamburg, 1967. In wichtigen Fällen wird auch das lat. bzw. engl. Original angegeben.
2 *De corpore*, Teil I, Kap. 3, Abschn. 8 f.
3 Dieser Gedanke wird bereits in *Platons Kratylos* diskutiert. Cf. dazu *K. Lorenz* und *J. Mittelstraß: On Rational Philosophy of Language: The Programme in Plato's Cratylus Reconsidered.* Mind LXXVI (1968) pp. 1—20.
4 *De corpore*, I, 3, 8: „Hieraus kann auch gefolgert werden, daß die ersten Wahrheiten von denen willkürlich (lat. arbitrio, engl. arbitrarily) geschaffen wurden, die zuerst den Dingen Namen gaben oder sie von anderen, die dies taten, erhiel-

diese Auffassung selbst nimmt, d. h. sie soll einer Konsistenzprüfung unterzogen werden.

Den Akt der willkürlichen Festsetzung verlegt Hobbes zunächst in eine unbestimmte Vorzeit zusammen mit der „Erfindung der Sprache". Die Frage ist, wie weit für *uns* eine Bindung an die *damals* getroffenen Festsetzungen besteht. Wenn wir das Bild von der Erfindung der Sprache in ein uns gegenwärtigeres Problem übersetzen wollen, so läßt sich die Frage so formulieren: Besteht für die Begriffsbildungen (Definitionen) der Wissenschaft eine Bindung an die Bedeutung der Worte in der (vorhandenen) Sprache? Ist dies nämlich der Fall, so ist die Rede von der Willkürlichkeit der Definitionen bei Hobbes insofern irreführend, als sie sich nur auf ein fiktives, historisch nicht fixierbares Ereignis bezieht und keine Konsequenzen für den systematischen Aufbau der Wissenschaft besitzt. Dieser Aufbau muß ja erst noch geleistet werden, Hobbes selbst bemüht sich darum, und die Definitionen sind nicht gegeben, sondern müssen aus der Sprache herausgearbeitet werden, d. h. die Wortbedeutungssetzungen der Spracherfinder bzw. die von der Sprache bereitgestellten Wortbedeutungen gilt es erst zu finden. In der Tat definiert Hobbes denn auch die Definition als „ein Urteil, dessen Prädikat das Subjekt zerlegt, wenn es möglich ist, es erläutert, wenn jenes nicht möglich ist"[5]. Lassen wir den zweiten Teil dieser Definition zunächst unberücksichtigt, so heißt dies, daß Definitionen die Bedeutung eines Wortes in deren Bedeutungskomponenten zerlegen. Daß es sich hierbei um *vorgegebene* Bedeutungen handelt, geht aus Hobbes' Bemerkung hervor, daß man Definitionen „anwendet, um im Geiste des Lernenden die Idee irgendeines Dinges zu erregen, *wenn diesem Dinge irgendein Name beigelegt ist (*si quod ei rei nomen aliquod impositum sit)"[6]. Von Willkürlichkeit der Definitionen dürfte also eigentlich nicht die Rede sein. So fordert Hobbes auch dazu auf, Definitionen nicht einfach zu übernehmen, sondern zu überprüfen und gegebenenfalls zu verbessern.[7] Es komme darauf an, richtige (right) Definitionen von Namen aufzustellen. Offen bleibt allerdings, ob er hiermit Definitionen

---

ten. Denn der Satz, daß der Mensch ein Lebewesen ist, ist (um ein Beispiel zu geben) nur darum wahr, weil es Menschen einst gefiel, diese beiden Namen demselben Ding zu geben."

5 *De corpore*, I, 6, 14: „[. . .] propositio, cujus praedicatum est subjecti resolutivum, ubi fiere potest, ubi non potest, exemplicativum".
6 Ibid., Hervorhebung vom Verf.
7 *Leviathan*; in: The English Works, Bd. 3, p. 24.

meint, die die Definitionsregeln befolgen oder auch solche, die dem allgemeinen Sprachgebrauch oder ähnlichem entsprechen. Nur letztere Forderung würde im Widerspruch zur Willkürlichkeitsthese stehen. In jedem Falle reichen aber schon die vorangehenden Bemerkungen hin, zu erwarten, daß Hobbes nicht die Willkürlichkeitsthese vertreten könne. Trotzdem erklärt er: „Die Verwendung der Namen ist privat und, selbst wenn sie allgemeinerer Zustimmung sich erfreut, willkürlich."[8] Dieser direkte Widerspruch kommt dadurch zustande, daß Hobbes zwar die Definition als Zerlegung (resolutio) definiert – diese Definitionen werden meist „analytische Definitionen" genannt – aber gleichwohl auch synthetische Definitionen behandelt. Unter synthetischen Definitionen versteht man solche, die traditionell gesprochen, einen Merkmalkomplex zu einem Begriff zusammenfassen oder, in der nominalistischen Version, für einen längeren Ausdruck einen kürzeren einführen. In diesem Sinne bemerkt Hobbes: „Definierte Namen werden nämlich in der Philosophie nur der Kürze wegen angewandt."[9] Um dies erläutern zu können, müssen wir auf die von Hobbes vertretene Lehre von den einfachen Vorstellungen und Namen eingehen.

Hobbes unterscheidet zwischen Dingen, Vorstellungen von Dingen und Namen für Dinge. Durch die Namen, so meint er, würden die Vorstellungen der entsprechenden Dinge in uns „erregt". Der Zerlegung eines Namens durch eine analytische Definition läßt Hobbes im Vorstellungsbereich die Zerlegung einer Vorstellung korrespondieren. Entsprechendes gilt für die Umkehrung, die Zusammensetzung bzw. synthetische Definition. Ein Name wird als einfach betrachtet, wenn keine weitere Zerlegung mehr möglich ist. So kann nach Hobbes und der Philosophie bis auf den heutigen Tag z. B. „Mensch" zerlegt werden in „vernünftig" und „Lebewesen" und „Lebewesen" in „belebt" und „Körper". Umgekehrt könne die entsprechende Zusammensetzung erfolgen. Als Ergebnis einer solchen Analyse bekomme man jeweils „Bestandteile" von größerer Allgemeinheit als der analysierte „Name" (die analysierte Vorstellung, der analysierte Begriff), so daß die einfachen Namen auch die allgemeinsten seien. Nach Hobbes ist z. B. „Körper" ein solcher Name.[10] Wie für Hobbes die Definitionen die einzige materiale Basis des wissenschaftlichen Schließens abgeben, so betrachtet er die einfa-

---

8 *De corpore*, I, 6, 15: „nominum enim usus privatus, atque (etiam inter plures consentientes) arbitrarius est."
9 Ibid.
10 Loc. cit. I, 2, 14.

chen Namen bzw. die durch sie bezeichneten einfachen Vorstellungen als einzige materiale Basis der Definitionen. Eine Kette von analytischen Definitionen müsse letztlich bei einfachen Namen anlangen, und synthetische Definitionen hätten ihren letzten Ursprung in den einfachen Namen. Aus Hobbes' Forderung des streng deduktiven Aufbaus der Wissenschaft nach Art der Geometrie ergeben sich für die Definitionen die gleichen Konsequenzen wie für das Schließen, nämlich die Anerkennung der synthetischen Methode bzw. der synthetischen Definition als einzig richtiger. Unter dieser Annahme läßt sich der Satz von Hobbes verstehen, daß definierte Namen nur der Kürze wegen verwandt werden. Hat man nämlich die einfachen Namen durch analytische Definitionen erst einmal gewonnen, so könnten die synthetischen Definitionen theoretisch darauf beschränkt bleiben, einfache Namen zu einem zusammengesetzten Namen zusammenzustellen, ohne dafür einen kurzen Namen einzuführen. „Wenn z. B. die Namen: *gleichseitig, viereckig, rechtwinklig* genügend verstanden werden, ist es für die Geometrie nicht nötig, daß es einen Namen wie *Quadrat* gibt."[11] In diesem Falle wären Definitionen keine Gleichungen, sondern nur Namenkomplexe, das so genannte „Definiens" im Sinne der modernen Definitionstheorie. Hobbes kennt auch diese Verwendung von „Definition", wie die Bemerkung zeigt, daß „Definitionen vor den definierten Namen kommen"[12], d. h. logisch früher sind.

Die These von der Willkürlichkeit der Definitionen ließe sich unter Beschränkung auf synthetische Definitionen — für analytische ist sie nicht formulierbar — im Sinne Hobbes' folgendermaßen aufstellen: Durch die Definition wird für einen zusammengesetzten längeren Ausdruck ein *beliebiger* kürzerer Ausdruck eingeführt, wobei die Teilausdrücke, aus denen der längere Ausdruck zusammengesetzt ist, durch Definitionen derselben Art eingeführt sind.

Diese Willkürlichkeitsthese steht allerdings bei Hobbes weiterhin im Widerspruch zu den Formulierungen, die die Definition als eine Analyse erscheinen lassen. Als Proponent der Willkürlichkeitsthese könnte man — unabhängig von Hobbes — der Ansicht sein, daß diese Widersprüche vermeidbar sind, wenn man als Definitionen von vornherein nur *synthetische* Definitionen ansieht. Jedoch bleibt dann die Frage offen, wie man die einfachen Ausdrücke (Namen, Vorstellungen, Begriffe) gewinnt. Hiervon abgesehen, sind für die Verfechter der Willkürlichkeitsthese noch folgende Probleme zu lösen:

11 Loc. cit. I, 6, 15.
12 Ibid.

1. Wieso verwendet man, wenn der durch eine Definition eingeführte Ausdruck beliebig sein kann, meist die bekannten Ausdrücke und nicht ganz neue? Im letzten Falle würde man sich ja nicht der Gefahr des Mißverständnisses aussetzen, während die bekannten Ausdrücke nicht-intendierte Vorstellungen ihres sonstigen Gebrauchs erwecken könnten.

2. Wie versteht man die Bedeutung der einfachen Ausdrücke?

Während bei Hobbes die erste Frage wegen seiner Vermengung von analytischen und synthetischen Definitionen nicht entsteht, begnügt er sich bei der zweiten Frage mit dem Hinweis, daß man eine „Umschreibung" (lat. circumloquutionem) geben müsse.[13] Beide Fragen werden uns im Verlaufe der weiteren Untersuchung, vor allem in Kap. 2.4, noch beschäftigen.[14] Als nächstes werden wir den Versuch von Leibniz, die Willkürlichkeitsthese zu widerlegen, behandeln. Leibniz nimmt in seinen Überlegungen direkt Bezug auf Hobbes.

2.2 Leibniz[1]

Bei Leibniz hat die Definition eine ähnlich fundamentale Stellung im Aufbau der Wissenschaft wie bei Hobbes. Er behandelt das Definitionsproblem im gleichen Maße wie dieser als Problem des sprachlichen Aufbaus von Wissenschaft. Eine weitere Gemeinsamkeit besteht darin, daß auch das Wissenschaftsideal von Leibniz an der Mathematik orientiert ist. Besonders die Idee eines *calculus ratiocinator,* von der allerdings auch schon Hobbes spricht, schwebt ihm vor, wonach „rechnend", dem Vorbild der Arithmetik entsprechend, alle Wahrheiten gewonnen werden könnten. Als Voraussetzung hierfür betrachtet Leibniz den Aufbau einer *characteristica universalis* oder der später so genannten *lingua characterica,* bzw. *lingua characteristica (univer-*

---

13 Loc. cit. I, 6, 14. Cf. auch den in Anm. 5 zitierten 2. Teil der Definition von Definition.

14 Cf. zu den hier vorgetragenen Überlegungen S. Kamiński: *Hobbesa teoria definicji.* Studia Logica VII (1958) pp. 43—69. Kamiński stimmt mit Hobbes in der Auffassung der Definition als willkürlicher Festsetzung überein.

1 Die Schriften von Leibniz werden in der Regel deutsch zitiert, und zwar nach den von *E. Cassirer* besorgten Ausgaben der Philosophischen Bibliothek. Stellenangaben erfolgen außerdem nach *Die philosophischen Schriften von Gottfried Wilhelm Leibniz,* 7 Bde., hg. v. *C. J. Gerhardt,* Berlin, 1875—90.

*salis)*², deren Ziel es ist, aus den Begriffsausdrücken die Zusammensetzung der Begriffe aus einfachsten Begriffen (Merkmalen) unmittelbar ablesbar zu machen, und zwar dadurch, daß die Zusammensetzung der Begriffsausdrücke direkt der Zusammensetzung der Begriffe entspricht. Leibniz hat auch erkannt, daß die Verwirklichung eines solchen Programms davon abhängt, ob es gelingt, einfachste Begriffe oder Grundbegriffe als „Alphabet des Denkens" (Alphabetum cogitandi)³ ausfindig zu machen. Erst dann könne man durch deren Kombination alle übrigen zusammensetzen, d. h. definieren. Die Parallelen zu den Ansichten Hobbes' betreffen auch die analytische und synthetische Methode. Insgesamt ist die Behandlung dieser Fragen bei Leibniz jedoch klarer als bei Hobbes. Um uns nicht zu wiederholen, wollen wir im einzelnen nur soweit darauf eingehen, wie die Willkürlichkeitsthese davon betroffen ist.

Leibniz stört an den Ansichten von Hobbes vor allem die Konsequenz, daß alle Wahrheiten, da auf willkürliche Definitionen zurückzuführen, selbst willkürlich seien. Da nach seiner Auffassung abgesehen von identischen Sätzen ebenfalls nur Definitionen die Grundlage aller Wahrheiten abgeben[4], heißt es für ihn, die These von der Willkürlichkeit der Definitionen zu widerlegen. Dies versucht er auf zweierlei Weise: durch die Wiederaufnahme der Unterscheidung von Nominal- und Realdefinition und durch eine weitere „fundamentum in re"-Argumentation. Beide Begründungen sind bei Leibniz nicht klar voneinander getrennt. Wir tun dies jedoch aus methodischen Gründen.

Die Unterscheidung von Nominal- und Realdefinition: das erste „fundamentum in re"-Argument
Nach Leibniz sind Nominaldefinitionen von Realdefinitionen dadurch unterschieden, daß sie „nur die Merkmale enthalten, um eine Sache von ande-

---

2 Leibniz selbst verwendet weder „lingua characteristica" noch „lingua characterica". Cf. dazu G. *Patzig: Leibniz, Frege und die sogenannte „lingua characteristica universalis"*. Akt. d. intern. Leibniz-Kongr., Hannover 1966, Bd. 3. Wiesbaden, 1969, pp. 103—112.
3 *Die Methoden der universellen Synthesis und Analysis* (De Synthesi et Analysi universali seu Arte inveniendi et judicandi). *Gerhardt* VII, pp. 292—298, p. 292. Deutsche Übers.: *Hauptschriften zur Grundlegung der Philosophie* I, hg. v. *E. Cassirer*. Hamburg, 1966, pp. 39—50, p. 39. Cf. außerdem *Gerhardt* VII, p. 185, *Cassirer*, p. 32.
4 Loc. cit. *Gerhardt* VII, p. 295, *Cassirer*, p. 45.

ren unterscheiden zu können"[5], während eine Realdefinition außerdem „zum mindesten die positive Behauptung einer Möglichkeit in sich schließt"[6], indem von ihr gefordert wird, daß sie nur einander nicht widersprechende Merkmale zusammenfaßt. Leibniz weist darauf hin, daß nur widerspruchsfreie Begriffe bei Schlußfolgerungen verwendet werden dürfen, und also die Prämissen von Syllogismen Realdefinitionen sein müßten. Da Realdefinitionen aber wegen der Möglichkeitsforderung nicht willkürlich sein dürften, sei damit auch der Ansicht von Hobbes begegnet, daß alle Wahrheiten aus willkürlichen Definitionen deduzierbar seien, und die Konsequenz vermieden, daß sie selbst willkürlich seien.

Selbst wenn man Leibnizens Unterscheidung von Real- und Nominaldefinitionen zunächst akzeptiert, im nächsten Abschnitt werden wir Mills Argumente dagegen zu untersuchen haben, so ist der Willkürlichkeitsthese damit jedoch noch nicht hinreichend begegnet. Wenn man im Sinne Leibnizens davon spricht, durch eine synthetische Realdefinition Merkmale zusammenzufügen, so stellt sich nach wie vor die Frage, ob man den so gewonnenen Merkmalkomplex willkürlich benennen darf. Und hierauf beruht gerade die Willkürlichkeitsthese bei Hobbes. Die willkürliche Festsetzung der „ersten Wahrheiten" (Definitionen), von der Hobbes spricht, läßt sich als diese Namengebung interpretieren. Nun sind aber auch nach Auffassung von Leibniz die Zeichen willkürlich in dem Sinne, daß man von einer Ähnlichkeit zwischen Zeichen und Bezeichnetem normalerweise nicht sprechen könne. So stehe es „im Belieben (in arbitrio) der Mathematiker, das Wort ‚Ellipse' zur Bezeichnung einer bestimmten Figur zu brauchen"[7]. Demnach, so könnte man im Sinne Hobbes' fortfahren, sind nun, wenn auch innerhalb der Grenzen der Realdefinition, die „ersten Wahrheiten" doch willkürlich, damit auch alle Folgerungen etc. Hier setzt Leibnizens zweites Argument gegen die Willkürlichkeitsthese an.

---

5 *Betrachtungen über die Erkenntnis, die Wahrheit und die Ideen* (Meditationes de Cognitione, Veritate et Ideis). Gerhardt IV, pp. 422—426, p. 424. Cassirer, loc. cit., pp. 22—29, p. 26.
6 Loc. cit. Gerhardt VII, p. 295, Cassirer, p. 44. Zur Unterscheidung von Nominal- und Realdefinitionen cf. auch *Neue Abhandlungen über den menschlichen Verstand* (Nouveaux essais sur l'entendement humain). Gerhardt V, pp. 273 f. Dt. Übers., hg. v. E. Cassirer. Hamburg, 1971, pp. 324 f.
7 *Dialog über die Verknüpfung zwischen Dingen und Worten* (Dialogus). Gerhardt VII, pp. 190—193, p. 191. Cassirer, Hauptschr. I, pp. 15—21, p. 17.

Das zweite „fundamentum in re"-Argument
Leibniz macht geltend, daß eine Aussage nicht aufgrund der verwendeten Worte, sondern aufgrund der „Beziehung, die die Zeichen selbst zu den Dingen besitzen", wahr ist. Unter dieser Beziehung scheint Leibniz so etwas wie strukturelle Gleichheit von Zeichen- und Dingbereich zu verstehen, und er meint diese Redeweise durch den Hinweis legitimieren zu können, „daß, ob wir nun diese oder andere Charaktere anwenden, das Ergebnis doch stets dasselbe bleibt oder daß wenigstens die Ergebnisse, die wir finden, äquivalent sind und in bestimmtem Maße einander entsprechen"[8]. Jedoch besagt diese Äquivalenz der Ergebnisse nur, daß wir in beiden Fällen dieselbe Logik angewandt haben und daß wir eine Übersetzungsmöglichkeit der verschiedenen Ergebnisse ineinander haben, wobei diese Übersetzungsmöglichkeit nach Leibnizens eigenen Ausführungen gerade dadurch zustande kommt, daß zuvor für ein und denselben Zeichenkomplex (Definiens) zwei verschiedene Zeichen *willkürlich* als Abkürzungen (Definiendum) eingeführt worden sind. Die „Äquivalenz der Ergebnisse" durchsichtig zu machen, bedarf es hier also in keiner Weise eines Rekurses auf ein *fundamentum in re*. Leibnizens Wahl der Beispiele aus der Mathematik und seine Bemerkungen in diesem Zusammenhang lassen die Interpretation zu, daß er mit dem *fundamentum in re* die Mathematik im Sinne der *Mathesis Universalis* meint, nämlich die Erkenntnis der gleichbleibenden Anwendbarkeit der Mathematik auf die Wirklichkeit. So heißt es bei ihm: „Wenn man also das Ergebnis verschiedenartiger Rechnungen nachher auf Körner oder eine andere zählbare Materie anwendet, so wird das Resultat immer das nämliche bleiben."[9] Selbst wenn man hieraus ein „fundamentum in re"-Argument ableiten wollte, so reicht dies nicht aus, der Willkürlichkeitsthese zu begegnen. Dies wäre aufgrund der Fragestellung von Leibniz nur dann möglich, wenn man ein *fundamentum in re* der einfachen Zeichen und *damit* aller übrigen nachweisen könnte, weil man nur so, wie Leibniz sich ausdrückt, von der „Form" zur „Materie" kommt.[10] Um die „Materie", d. h. den durch die Definition bestimmten *Inhalt* der Zeichen („Charaktere") geht es aber gerade bei der Willkürlichkeitsthese.
Unabhängig davon, daß Leibniz den Nachweis eines *fundamentum in re* für die einfachen Zeichen schuldig bleibt, ist seine Argumentation in abge-

---

8 Loc. cit. *Gerhardt* VII, p. 192, *Cassirer*, p. 20.
9 Ibid.
10 *Gerhardt* VII, p. 189, *Cassirer*, p. 38.

schwächter Form gleichwohl ein wesentlicher Schritt über Hobbes hinaus. Während Hobbes nämlich aus der Willkürlichkeit der Zeichen die Willkürlichkeit der Definitionen und damit die Willkürlichkeit der ersten und aller weiteren Wahrheiten folgert, macht Leibniz darauf aufmerksam, daß diese Folgerungen nur dann berechtigt sind, wenn man Definitionen nur als Namengebungen, die allerdings für ihn willkürlich sind, versteht, ohne zu bedenken, daß die Zusammenstellung des Definiens, dem der Name gegeben wird, möglicherweise nicht der Willkür unterliegt. Die Alternative zur Willkür ist für Leibniz das *fundamentum in re,* und das heißt für ihn letztlich Gott. In diesem Sinn erklärt er, „daß die Willkürlichkeit nur in den Worten, keineswegs aber in den Ideen liegt" und kurz darauf: „die Ideen sind in Gott".[11] Hier wird es darauf ankommen, eine andere Alternative oder eine sinnvolle Rekonstruktion zu finden (cf. Kap. 5.2). Außerdem wird die These von der Willkürlichkeit der Namen selbst noch einer genaueren Prüfung zu unterziehen sein (cf. pp. 79 f.).

2.3 Mill[1]

Die Definitionen dienen auch bei Mill dem sprachlichen Aufbau von Wissenschaft, allerdings tritt der Gedanke eines streng deduktiven Systems nach dem Vorbild der Mathematik zugunsten eines klassifikatorischen Systems der empirischen Wissenschaften zurück. Außerdem kommt bei ihm bereits ein „linguistischer" Aspekt des Definitionsproblems zur Geltung, wie er dann von Wittgenstein und der Ordinary Language Philosophy fortgeführt wird.
Mills Definitionstheorie unterscheidet sich sowohl von derjenigen Hobbes', als auch von der Leibnizens. Mit Hobbes teilt Mill die Auffassung der Definitionen als Nominaldefinitionen und wie Leibniz kritisiert er Hobbes wegen

---

11 *Neue Abhandlungen über den menschlichen Verstand.* Gerhardt V, p. 279, Cassirer, p. 332.
1 Der vorliegenden Analyse der Millschen Definitionslehre liegt zugrunde *A System of Logic, Ratiocinative and Inductive* (8. Aufl., Nachdruck: London, 1965), vor allem Buch I, Kap. VIII (Of Definition) und Buch IV, Kap. IV (Of the Requisites of a Philosophical Language, and the Principles of Definition). Zitiert wird im Text in Anlehnung an die dt. Ausgaben *System der deductiven und inductiven Logik* von *J. Schiel* (2 Bde., 3. Aufl. nach der 5. engl. Ausg., Braunschweig, 1868) und *Th.* Gomperz (Gesammelte Werke, 12 Bde., Bd. II—IV. Leipzig, 1872/73). Stellenangaben erfolgen nach allen drei Ausgaben.

seiner These von der Willkürlichkeit der Definition. Hobbes habe zwar zu Recht darauf hingewiesen, daß Definitionen nur Bedeutungsfestsetzungen seien, aber trotzdem Definitionen weiterhin als einzige „Prinzipien" (erste Wahrheiten) anerkannt und stelle so — hier teilt Mill fast wörtlich die Auffassung von Leibniz — „das sonderbare Paradoxon auf, daß Systeme von wissenschaftlicher Wahrheit, ja sogar daß alle Wahrheiten, zu welcher wir durch Schließen gelangen, aus der willkürlichen Übereinkunft der Menschen bezüglich der Bedeutung von Wörtern abgeleitet sind".[2] Leibniz hat hieraus die Konsequenz gezogen, daß Definitionen dann eben mehr leisten müßten, als nur die Bedeutung der Worte anzugeben, bzw. — in seiner Terminologie — Merkmale zu Begriffen zusammenzufügen, nämlich außerdem einen Bezug zu den Dingen herzustellen, — was dies auch immer heißen mag. Mill dagegen argumentiert, daß Hobbes es unterlassen habe, die Konsequenz aus seiner richtigen nominalistischen Auffassung zu ziehen. Er hätte die Definitionen nicht weiterhin als Prinzipien betrachten dürfen. Dies ginge nur an bei einem „realistischen" Verständnis der Definitionen. Hiergegen, namentlich gegen die Unterscheidung von Nominal- und Realdefinition, macht Mill geltend, daß eine Realdefinition nicht eine Definition besonderer Art sei, sondern eine Definition (= Nominaldefinition) und zusätzlich eine Existenzbehauptung. Hierbei nimmt Mill nicht direkt Bezug auf Leibniz, aber sein Verständnis der Unterscheidung entspricht etwa dessen Auffassung. Die Gültigkeit solcher Existenzbehauptungen sei zwar notwendige Bedingung für die Gültigkeit von aus Definitionen gefolgerten Sätzen, man müsse aber Definitionen und Behauptungen (assertions) unterscheiden, wobei Definitionen Urteile (propositions) seien, die weder wahr noch falsch sein könnten.[3] Die Einteilung in Nominal- und Realdefinitionen lehnt Mill ab, weil sie diese Unterscheidung verwische. Da Nominaldefinitionen (als die einzigen Definitionen) keine Behauptungen seien, bleibt für ihn noch die Frage zu klären, welcher Status ihnen dann zukommt. Hierbei tut sich Mill einigermaßen schwer. Ziehen wir zu dem bisher Gesagten noch folgende Aussagen heran:

    1. „Die Definition ist bloß ein identisches Urteil, das nur bezüglich des Sprachgebrauchs Auskunft gibt, und aus welchem unmöglich Schlüsse bezüglich von Tatsachen gezogen werden können."[4]

---

2 *System of Logic*, p. 94. *Schiel* I, p. 174. *Gomperz* II, p. 145.
3 Loc. cit., p. 94. *Schiel* I, p. 173. *Gomperz* II, p. 144.
4 "The definition is a mere identical proposition, which gives information only about the use of language, and from which no conclusions affecting matters of fact can possibly be drawn." (ibid.).

2. „Der einfachste und richtigste Begriff von einer Definition ist: ein Urteil, das die Bedeutung eines Wortes erklärt, sei es die Bedeutung, die es nach allgemeiner Anerkennung hat, sei es die, welche der Sprechende oder Schreibende ihm für seine besonderen Zwecke der Rede beizulegen gedenkt."5

3. „Die Definition eines Namens [...] ist die ganze Summe aller *wesentlichen* Urteile, welche mit diesem Namen als Subjekt aufgestellt werden können."6

Zunächst vermutet man einen Widerspruch zwischen dem Nachsatz von (1), daß aus Definitionen „unmöglich Schlüsse bezüglich von Tatsachen gezogen werden können" und (3). Dieser Widerspruch ist jedoch nur scheinbar, da Mill unter „wesentlichen Urteilen" analytische Urteile im Sinne Kants versteht. Endgültig in Schwierigkeiten kommt Mill aber, wenn man seine Äußerung in (1), daß eine Definition „nur bezüglich des Sprachgebrauchs Auskunft gibt", genauer betrachtet. Dieser Sprachgebrauch ist, wie aus (2) hervorgeht, entweder der allgemeine (gewöhnliche) oder der besondere (private). Der zweite Fall läßt sich als die Festsetzung einer Bedeutung interpretieren. Eine solche Festsetzung kann nun in der Tat nicht danach beurteilt werden, ob sie wahr oder falsch ist. Der *einzigen* Beurteilung aber, deren sie nach Mill fähig ist, ist die nach Übereinstimmung bzw. Nichtübereinstimmung mit dem gewöhnlichen Sprachgebrauch (ordinary usage of language).7 Diese Einschränkung geht jedoch zu weit, denn zumindest wird man danach fragen dürfen, ob die Festsetzung sinnvoll etc. ist. Was den allgemeinen Sprachgebrauch betrifft (Fall eins), so läßt sich Mills Auffassung, es könne eine solche Definition nicht wahr oder falsch sein, nicht aufrechterhalten. Eine solche Definition scheint Mill zufolge nämlich keine Festsetzung, sondern eine Feststellung aufgrund einer Bedeutungs*analyse faktischer* Wortgebräuche zu sein, mit anderen Worten das *Ergebnis* einer empirisch-linguistischen Untersuchung. Nun mag es zwar schwierig sein, im Einzelfall beurteilen zu können, ob eine solche Analyse richtig und die abschließende Definition wahr ist, dies jedoch liegt vor allem an dem nicht genau umrissenen Be-

---

5 "The simplest and most correct notion of a Definition is, a proposition declaratory of the meaning of a word; namely, either the meaning which it bears in common acceptation, or that which the speaker or writer, for the particular purposes of his discourse, intends to annex to it." (Loc. cit., p. 86. *Schiel* I, p. 160. *Gomperz* II, p. 132).

6 Loc. cit., p. 87. *Schiel* I, pp. 161 f. *Gomperz* II, p. 133. "The definition of a name [...] is the sum total of all the *essential* propositions which can be framed with that name for their subject."

7 Loc. cit., p. 94. *Schiel* I, p. 173. *Gomperz* II, p. 144.

griff des allgemeinen Sprachgebauchs, *intendiert* aber kann nur eine *wahre* Definition sein, da sie eine Tatsachen*behauptung* ist.[8] Gemäß seinem eigenen Verdikt dürfte Mill hier also gar nicht den Terminus „Definition" verwenden.[9] Wir wollen jedoch noch den Versuch einer Rekonstruktion vornehmen, der allerdings teilweise dem Wortlaut des Millschen Textes zu widersprechen scheint.

Mill könnte im ersten Teil seiner Formulierung (2) auch gemeint haben, daß eine Definition den *allgemeinen* Gebrauch *festsetze*. Dann wäre eine solche Definition keine Behauptung mehr, sie hätte aber auch einen anderen Charakter als die private Festsetzung. Bei dieser handelt es sich, so könnten wir sagen, um die Mitteilung einer Verpflichtung, nämlich im folgenden einen gewissen Ausdruck in bestimmter Weise, wie durch das Definiens angegeben, zu gebrauchen. Dies wäre eine Verpflichtung, die derjenige, der die Definition aufstellt, freiwillig eingeht. Den Willen, dessen Ausdruck eine solche Definition ist, dürfte man nicht als Willkür, sondern müßte man als begründeten Willen verstehen; denn die These von der Willkürlichkeit der Definitionen lehnt Mill ab.[10] Bei der Festsetzung des allgemeinen Sprachgebrauchs

---

8 Wörterbücher bestehen aus solchen Definitionen, wobei sich bisweilen auch Definitionen der anderen Art einschleichen. *R. Robinson: Definition* (Oxford, 1965) spricht hier von „lexical definitions" (pp. 35 ff.) im Unterschied zu den festsetzenden Definitionen (stipulative definitions, pp. 59 ff.).

9 Diese Widersprüche bei Mill hat in ähnlicher Form auch *R. Abelson* aufgezeigt: *An Analysis of the Concept of Definition, and Critique of three Traditional Philosophical Views Concerning its Role in Knowledge.* Diss., New York University, 1957, pp. 97 ff.

10 *Mill: System of Logic*, p. 98. *Schiel* I, p. 181. *Gomperz* II, p. 151.
Das hindert ihn allerdings ebensowenig, wie schon Leibniz nicht, zu behaupten, daß „Namen und ihre Bedeutung (signification) völlig willkürlich sind" loc. cit., p. 70. *Schiel* I, p. 129. *Gomperz* II, p. 103). Daß dies nicht unbedingt ein Widerspruch sein muß, werden wir noch zu zeigen versuchen. In welchem Sinne diese Äußerung gemeint sein könnte, wird deutlich, wenn Mill an anderer Stelle betont: "It would, however, be a complete misunderstanding of the proper office of a logician in dealing with terms already in use, if we were to think that because a name has not at present an ascertained connotation, it is competent to any one to give it such a connotation at his own choice. The meaning of a term actually in use is not an arbitrary quantity to be fixed, but an unknown quantity to be sought." (Loc. cit., p. 438. *Schiel* II, p. 231. *Gomperz* IV, p. 35). Beide Äußerungen zusammen betrachtet wären dann so aufzufassen, daß kein notwendiger Zusammenhang zwischen Zeichen und ihrer Bedeutung besteht, daß aber ein bereits bestehender Zusammenhang nicht willkürlich verändert werden dürfe. Cf. hierzu weiter unten pp. 79 f.

haben wir es dann — im Sinne unserer Rekonstruktion — nicht mit einer von einer *Privat*person freiwillig eingegangenen Verpflichtung zu tun, sondern hier liegt ein Imperativ vor, ein Wort in einer bestimmten Weise zu gebrauchen. Dadurch, daß dieser Imperativ prima facie *allgemein* gemeint ist, d. h. nicht auf einen bestimmten Personenkreis beschränkt bleibt, soll er den allgemeinen Wortgebrauch regeln. Diese Interpretation wird gestützt durch die Bemerkung Mills, daß Untersuchungen zur Beantwortung von Fragen der Art „was ist Gerechtigkeit?", „was ist Tugend?" nicht angestellt werden, „um zu bestimmen, was die Bedeutung eines Namens ist, sondern was sie sein sollte".[11] Die solche Untersuchungen abschließenden Definitionen entsprechen dann genau dem von uns vorgeschlagenen Verständnis der Millschen Ansichten. Leider widerspricht sich Mill aber kurz darauf, indem er sagt: „Die Frage, was ist Gerechtigkeit? heißt mit anderen Worten, welches Attribut wollen (mean to) die Menschen aussagen, wenn sie eine Handlung gerecht nennen?"[12] Diese Frage ist aber nicht mehr normativ, sondern ist wieder eine Tatsachenfrage. Hierzu weitere Überlegungen.

Die Suche nach der Definition von „gerecht" zerlegt Mill in folgenden Fragenkomplex,

„[1] ob die Menschen in Beziehung auf die einzelnen Handlungen, die sie ‚gerecht' nennen oder nicht, hinreichend übereinstimmen, um eine Untersuchung der diesen Handlungen gemeinsamen Eigenschaft möglich zu machen; und [2] wenn dies so ist, ob die Handlungen wirklich eine Eigenschaft gemeinsam haben; und [3] wenn sie sie haben, welches sie ist".[13]

Mill hält die erste dieser Fragen im Gegensatz zu den beiden anderen für keine Tatsachenfrage, sondern für eine Frage nach „Gebrauch und Übereinkommen" (usage and convention). Demnach kann Mill, wenn wir weiterhin davon ausgehen, daß er Definitionsfragen nicht als Tatsachenfragen versteht, nur aufgrund der ersten Frage die Gesamtfrage (d. i. die Definitionsfrage) nicht als Tatsachenfrage betrachten. Mill sagt außerdem, daß, wenn die zweite Frage zu verneinen ist, „eine vierte, oft schwierigere als alle anderen", zu beantworten ist, „nämlich, wie am besten eine künstliche Klasse zu

---

11 Loc. cit., p. 98. *Schiel* I, p. 181. *Gomperz* II, p. 152.
12 Loc. cit., p. 99. *Schiel* I, p. 183. *Gomperz* II, p. 154.
13 "[...] whether mankind agree sufficiently with one another as to the particular actions which they do or do not call just, to render the inquiry, what quality those actions have in common, a possible one: if so, whether the actions really have any quality in common; and if they have, what it is." Loc. cit., p. 99. *Schiel* I, p. 184. *Gomperz* II, p. 155.

bilden ist, welche der Name bezeichnen kann?"[14] Es ist klar, daß es sich bei dieser Frage — und damit auch bei der Gesamtfrage nach diesem Zusatz — um keine Tatsachenfrage handelt, sondern um eine im bereits formulierten Sinne normative Frage. Jedoch, dies ist der kritische Fall, hängt bei positiver Beantwortung von (2) der Nicht-Tatsachencharakter der Gesamtfrage am Nicht-Tatsachencharakter der ersten Frage. Entgegen der Ansicht von Mill handelt es sich hierbei aber ebenfalls um eine Tatsachenfrage.

Betrachten wir Mills Unterscheidung von Tatsachenfragen und, wie wir sagen wollen „Wortgebrauchsfragen". Wortgebrauchsfragen sind nur dann keine Tatsachenfragen, wenn sie normativ zu verstehen sind, nicht aber, wie Mill an dieser Stelle nahelegt, deskriptiv als Fragen nach dem *faktischen* Wortgebrauch. Dieser Unterschied wird bei Mill zwar angedeutet, aber wieder verwischt, was darauf zurückzuführen sein mag, daß die Formulierung „Frage nach Gebrauch und Übereinkommen" im normativen und faktischen Sinne interpretierbar ist. Vor allem aber hat Mill einen zu engen Begriff von Tatsache. So besteht zwar ein Unterschied zwischen einer „normalen" Tatsache und einer Tatsache, die den Wortgebrauch betrifft; aber dieser Unterschied berechtigt nicht dazu, letztere von den Tatsachen auszunehmen, wie Mill dies tut.[15] Ein Beispiel mag dies deutlich machen: Wenn ich von Menschen aussage, daß sie vernünftige Lebewesen sind, so liegt eine Tatsachenaussage im Sinne von Mill vor. Wenn ich dagegen aussage, daß der Ausdruck „Mensch" gewöhnlich in der Bedeutung von „vernünftiges Lebewesen" verwendet wird, so mache ich zwar keine Aussage *über* Menschen, wohl aber eine Tatsachenaussage, nämlich über Sprachverhalten. Mill zählt die Aussagen der zweiten Art, wie Definitionen überhaupt, zu den „bloß wörtlichen Urteilen", die nach seiner Auffassung „streng genommen der Wahrheit oder der Falschheit gar nicht fähig" sind.[16] Daß dies, wenn wir Mill wörtlich neh-

---

14 Loc. cit., p. 100. *Schiel* I, p. 184. *Gomperz* II, p. 155.
15 Loc. cit., pp. 70 f. *Schiel* I, pp. 128 f. *Gomperz* II, pp. 102 f.
   Was Mill unterscheiden will, dürfte sich durch das Begriffspaar „natürliche Tatsache" (brute fact) und „institutionelle Tatsache" (institutional fact) wiedergeben lassen. Cf. dazu *J. R. Searle: Speech Acts*. Cambridge, 1969, Kap. 2.7. Institutionelle Tatsachen, dazu gehören nach Searle solche der Sprachverwendung, werden bestimmt als menschliche Institutionen voraussetzend, ohne die nicht erklärbar seien. Die Institutionen selbst seien Systeme „konstitutiver Regeln", d. h. solcher Regeln, die den Bestand der Systeme allererst ausmachen.
16 *Mill: System of Logic*, p. 70. *Schiel* I, p. 129. *Gomperz* II, p. 103.

men, zumindest für einen Teil der von ihm so genannten Definitionen falsch ist, haben wir zu zeigen versucht. Es soll nun noch eine weitere Interpretationsmöglichkeit der Gedanken Mills aufgezeigt werden, indem die normative und deskriptive Definitionsart zu einer Art zusammengefaßt werden. Dies besagt dann, daß Definitionen aus einer Analyse des faktischen Wortgebrauchs *und* einer *anschließenden* durch diese Analyse motivierten Festsetzung bestehen. So spricht Mill davon, daß die Sprache nur logisch bearbeitet werden müsse, wonach die „rohen Klassifikationen der bestehenden Sprache" für die Zwecke des Logikers ausgezeichnet geeignet seien.[17] Mill denkt sich dies so, daß, modern gesprochen, die Extension eines Prädikators durch die Definition möglichst wenig verändert wird.[18] Dieser Ansatz nimmt bereits Carnaps Begriff der Explikation vorweg[19] und fügt ihm sogar noch einen wichtigen Gesichtspunkt hinzu, nämlich die Berücksichtigung der Geschichte (history) der Wörter.[20] Wir werden uns mit dem Begriff der Explikation noch ausführlich in Kap. 2.5.2 beschäftigen. Der Idee der Explikation liegt, wie wir hier schon andeuten können, die Einsicht zugrunde, daß wir einerseits unser durch die Sprache vermitteltes Vorverständnis nicht eliminieren können und andererseits, dem Gebot der Praxis gehorchend, nicht umhin können, über dieses Vorverständnis durch Neuregelungen unseres Sprachgebrauchs hinauszukommen. Diese Formulierung würde verständlich machen, wieso Definitionen für Mill weder willkürlich noch nach wahr oder falsch beurteilbar sind. Die Neuregelung des Sprachgebrauchs wird von Mill — entsprechend seinem Erkenntnisinteresse auf die Wissenschaft bezogen — so formuliert, daß sich Definitionen in den Wissenschaften (sciences) beständig verändern.[21]

---

17 Loc. cit., p. 100. *Schiel* I, p. 184. *Gomperz* II, p. 155.
18 "[...] a meaning must be found for the name, compatible with its continuing to denote, if possible all, but at any rate the greater or the more important part, of the things of which it is commonly predicated." Loc. cit., p. 100. *Schiel* I, p. 185. *Gomperz* II, p. 156. Cf. außerdem loc. cit., pp. 438 f. *Schiel* II, p. 232. *Gomperz* IV, p. 36.
19 Auch der Terminus „Explication" wird von Mill mit Bezug auf W. *Whewell* genannt (loc. cit., p. 439). Terminologiehistorisch interessant ist, daß bereits *Kant* „Explikation" als Erklärungsart für „empirisch gegebene Begriffe" erwähnt (*Kritik d. r. Vern.* B 755 ff.).
20 *Mill: System of Logic*, p. 448. *Schiel* II, p. 250. *Gomperz* IV, p. 53.
21 Loc. cit., p. 91 *Schiel* I, p. 168. *Gomperz* II, p. 140.

Die Tatsache, daß der Millsche Text die hier vorgelegten (und vielleicht noch mehr) Interpretationsmöglichkeiten zuläßt, mag man als mangelnde Klarheit oder Widersprüchlichkeit des Autors verurteilen, man kann aber auch der Meinung sein, daß hier die Vielschichtigkeit eines Problems zum Ausdruck kommt. So verstanden dient die Textanalyse als Motivation einer erneuten systematischen Fragestellung, als welche sie in die weitere Darstellung eingehen soll. Zuvor jedoch werden wir uns mit der Neuformulierung der Willkürlichkeitsthese beschäftigen, wie sie mit der an der Mathematik orientierten mathematischen Logik aufkommt, und zwar wollen wir dies am Beispiel Freges tun, der nicht nur einer der Begründer dieser Richtung der Logik ist, sondern wohl auch der klarste und rigoroseste Vertreter der Willkürlichkeitsthese.

2.4 Frege[1]

Frege entwickelt seine Definitionslehre im engen Anschluß an die Mathematik; darüber hinaus kann man von ihm sagen, daß seine Auffassungen speziell im Hinblick auf die Mathematik entstanden sind. Überhaupt, so führt Frege selbst aus, sei er zur Logik gekommen aus dem Bedürfnis, die Mathematik, im besonderen die Arithmetik, genauer zu begründen. In erster Linie zu diesem Zweck schuf er seine *Begriffsschrift*. Allerdings ist diese nicht nur auf die Mathematik hin angelegt. Sie soll vielmehr ganz allgemein erstens „zunächst dazu dienen, die Bündigkeit einer Schlusskette auf die sicherste Weise zu prü-

---

[1] Die Schriften Freges werden zitiert nach: 1. *Begriffsschrift, eine der arithmetischen nachgebildete Formelsprache des reinen Denkens.* Halle, 1879. Nachdruck in 2 (Abk.: *Begriffsschrift*). — 2. *Begriffsschrift und andere Aufsätze.* 2. Aufl., hg. v. *I. Angelelli.* Darmstadt, Hildesheim, 1964. — 3. *Die Grundlagen der Arithmetik. Eine logisch mathematische Untersuchung über den Begriff der Zahl.* Breslau, 1884. Neudruck: Darmstadt, Hildesheim, 1961 (Abk.: *Grundlagen der Arithmetik*). — 4. *Grundgesetze der Arithmetik. Begriffsschriftlich abgeleitet.* 2. Bde., Jena, 1893 u. 1903. Nachdruck: Darmstadt, Hildesheim, 1962 (Abk.: *Grundgesetze der Arithmetik* I u. II). — 5. *Kleine Schriften,* hg. v. *I. Angelelli.* Darmstadt, Hildesheim, 1967. — 6. *Nachgelassene Schriften,* hg. v. *H. Hermes, F. Kambartel, F. Kaulbach.* Hamburg, 1969.
Stellenangaben erfolgen nach den Originalen, da Nach- bzw. Neudrucke die Seitenzählung der Originale beibehalten haben oder mitführen. Eine Ausnahme ist 3. Dort hat sich die Seitenzählung der Einleitung folgendermaßen geändert: pp. I—XI des Originals entspricht pp. XIII—XXIII des Neudrucks. Stellenangaben erfolgen hier nach dem Neudruck.

fen"² und so das allen Wissenschaften gemeinsame formale Gerüst darstellen. Außerdem soll sie zweitens „geeignet seyn, sich mit einem Inhalte [d. h. mit einzelwissenschaftlichen Aussagen, d. Verf.] auf das innigste zu verbinden".³ Beide Forderungen entsprechen den Ideen von Leibniz, die erste Forderung der Idee eines *calculus ratiocinator* und die zweite Forderung der Idee einer *characteristica universalis*. Im Abschnitt über Leibniz hatten wir bereits ausgeführt, daß das Definitionsproblem der *characteristica universalis*, und zwar deren „Materie", wie Leibniz sagt, zuzurechnen ist. Entsprechend steht für Frege dieses Problem im Zusammenhang mit der Bestimmung der „Inhalte". Von diesen Inhalten, und hier liegt seine Beschränkung auf die Mathematik vor, betrachtet Frege selbst nur die mathematischen, obwohl er eine Verbindung der Begriffsschrift mit anderen Inhalten durchaus für möglich hält, wie dies später im Logischen Empirismus versucht wurde. Freges Definitionstheorie ist somit als Theorie der Bestimmung des Inhaltes von mathematischen Sätzen zunächst als eine speziell mathematische Definitionstheorie anzusehen. Frege ist sich dieser Beschränkung bewußt, versteht sich aber selbst durchaus in der Tradition der Leibnizschen Idee einer *characteristica* u n i v e r s a l i s, indem er seine Begriffsschrift als Beitrag zu deren Verwirklichung betrachtet.
Angesichts des erklärtermaßen engen Anschlusses an entsprechende Überlegungen von Leibniz mag es zunächst verwundern, daß Frege in direktem Gegensatz zu Leibniz äußert, daß eigentliche Definitionen willkürliche Festsetzungen sind. Dieser Gegensatz ist jedoch nicht so gravierend, wie man dem Wortlaut folgend annehmen könnte. Frege unterscheidet nämlich im Gegensatz zu Leibniz Definitionen, Postulate und Axiome. Dies ist auch der Grund, warum er, dieselbe Idee wie Leibniz verfolgend, die Definitionen von Forderungen entlasten kann, die Leibniz noch an sie glaubte stellen zu müssen. Wenn man nämlich wie Leibniz meint, alle Wahrheiten aus identischen Sätzen und Definitionen deduzieren zu können, so muß man erstens das Existenzproblem von vornherein in das Definitionsproblem mit hineinnehmen, was sich, wie schon Mill ausgeführt hat, nicht unbedingt empfiehlt, und zweitens das Problem der ersten Wahrheiten. Indem Frege den Systemgedanken Euklids und die entsprechenden Unterscheidungen wieder aufnimmt, entla-

---

2 *Begriffsschrift*, p. IV.
3 *Ueber die wissenschaftliche Berechtigung einer Begriffsschrift*. Zeitschrift für Philosophie und philosophische Kritik LXXXI (1882), pp. 48—56, p. 55. Nachdruck in 2.

stet er gleichzeitig die Definitionen von diesen beiden Problemen. Das Existenzproblem teilt er den Postulaten, das Problem der ersten Wahrheiten, er spricht von „Urwahrheiten", den Axiomen zu.

Die Axiome sind „Wahrheiten wie die Theoreme [das sind bewiesene und häufig weiter verwendete Wahrheiten[4], d. Verf.], aber solche, welche in unserem Systeme nicht bewiesen werden, eines Beweises auch nicht bedürftig sind"[5]. Die Wahrheit der Axiome darf nach Frege nicht „zweifelhaft" sein. Damit spricht er den für Axiome auch sonst üblichen Evidenzgedanken an. Umgekehrt gilt für Frege aber nicht, daß jede „einleuchtende" (d. h. evidente) Wahrheit schon als Axiom aufzufassen ist, vielmehr könne es so sein, hier lehnt sich Frege wieder an Euklid an[6], daß einige dieser Wahrheiten mit Hilfe der anderen beweisbar seien[7]. Somit schließt er nicht aus, daß die Anzahl der Axiome geringer als die Anzahl der evidenten Wahrheiten ist. Darüber hinaus vertritt er insofern den Gedanken der Relativität der Axiome, als er die Wahl der Axiome aus den evidenten Wahrheiten nicht für (notwendig) eindeutig hält.

„Es ist nämlich denkbar, dass es eine Wahrheit A und eine Wahrheit B gibt, von denen jede aus der anderen in Verbindung mit Wahrheiten C, D, E, F bewiesen werden könne, während die Wahrheiten C, D, E, F als für sich allein weder zum Beweise von A noch zum Beweise von B genügen. Wenn nun C, D, E, F als Axiome möglich sind, haben wir die Wahl, ob wir A, C, D, E, F als Axiome und B als Theorem, oder ob wir B, C, D, E, F als Axiome und A als Theorem ansehen wollen."[8]

Somit wäre der Aufbau verschiedener Systeme (der Mathematik) immerhin möglich, und ein Axiom dürfte immer nur relativ zu einem bestimmten System als Axiom verstanden werden. Hierin unterscheidet sich Freges Auffassung der Axiome z. B. von derjenigen Pascals, indem Frege zwar die Axiome für evidente Wahrheiten hält, aber nicht für *grundsätzlich* unbeweisbar. Frege bringt so gewiß eine konventionalistische Komponente in die Auffassung der Axiome und des Systems; aber da dieser Konventionalismus innerhalb der Grenzen der Evidenz liegt, vermeidet Frege schon an dieser Stelle zumindest verbal — alles hängt hier am keineswegs geklärten Begriff der Evidenz — die Konsequenz, daß alle Wahrheiten auf willkürlicher Fest-

---

4 *Logik in der Mathematik;* in: *Nachgelassene Schriften,* pp. 219—270, p. 220.
5 Loc. cit., p. 221.
6 Loc. cit., p. 220 unten.
7 Loc. cit., p. 221.
8 Loc. cit., p. 222.

setzung beruhen. Damit hat er die Definitionen von dem ihnen seit Hobbes anhaftenden Problem befreit, willkürlich zu sein *und* die ersten Wahrheiten darzustellen.

Die Postulate versteht Frege als Axiome besonderer Art, nämlich als Grundwahrheiten, die uns der *Existenz* von Gegenständen gewisser Eigenschaften versichern. Auf diese Weise entledigt Frege, wie vor ihm schon Mill, die Definitionen auch des Problems der Existenz.[9] Deshalb sind bei ihm, auch wenn er dies nicht ausdrücklich hervorhebt, Definitionen konsequenterweise als Nominaldefinitionen im Sinne Mills aufzufassen.

Wenn wir davon sprachen, daß der Unterschied der Auffassungen von Leibniz und Frege nicht so gravierend sei, wie man zunächst annehmen könnte, so läßt sich dies nun dahingehend präzisieren, daß zwar die Rolle der Definition im Aufbau des Systems fundamental verschieden beurteilt wird, die Idee des Systems bei beiden aber durchaus vergleichbar ist. Man könnte so sagen, daß nach Leibniz die Definitionen den ganzen Aufbau des Systems leisten müssen und deshalb Realdefinitionen in seinem Sinne zu sein haben, während Frege „arbeitsteilig" verfährt, die Aufgaben der Realdefinitionen bei Leibniz den Axiomen und Postulaten überträgt und so als Definitionen nur Nominaldefinitionen übrig behält. Bei deren Beurteilung besteht nun kein grundlegender Unterschied mehr zwischen Leibniz und Frege, da Leibniz nicht ausschließt, Nominaldefinitionen als willkürliche Festsetzungen zu betrachten. Wir kommen nun zur Darstellung der Fregeschen Definitionstheorie im engeren Sinne.

Frege unterscheidet zwischen synthetischen und analytischen Definitionen, er selbst nennt sie „aufbauende" und „zerlegende" Definitionen. Eine Sonderrolle nehmen die „Erläuterungen" ein. Als „eigentliche" Definitionen betrachtet er nur die synthetischen, da sie nach seiner Ansicht im Gegensatz zu

---

9 Gegen die Auffassung, man könne durch Definitionen die Existenzfrage mitlösen, polemisiert Frege häufig, vor allem in der Auseinandersetzung über die impliziten Definitionen (im Sinne der Definitionen durch Postulate). Besonders drastisch verdeutlicht er seine Argumente dabei durch das Beispiel des „ontologischen Gottesbeweises", der übrigens auch bei *Leibniz*, allerdings mit umgekehrter Zielrichtung: für die Notwendigkeit der Realdefinitionen, herhalten muß. Man könne, so sagt Frege, diesen Gottesbeweis rechtfertigen, wenn man implizite Definitionen zulassen würde. Cf. z. B. *Über die Grundlagen der Geometrie. II.* Jahresbericht der Deutschen Mathematiker-Vereinigung XII (1903) pp. 368–375, pp. 370 f. Nachdruck in 5.

den analytischen Definitionen keinen Adäquatheitsforderungen unterworfen sind. Nur für die synthetischen Definitionen erhebt er deshalb auch den Anspruch, daß sie willkürliche Festsetzungen seien, bzw. zu sein haben. Durch eine solche Definition werde für einen längeren Ausdruck, der sich zusammensetzt aus bereits bekannten Ausdrücken und dessen Sinn und Bedeutung nach Frege deshalb ebenfalls bekannt ist, ein kürzerer Ausdruck eingeführt. Diese Einführung besage, daß der neue Ausdruck denselben Sinn und dieselbe Bedeutung haben solle, wie der bekannte.

Den Unterschied von Sinn und Bedeutung macht Frege u. a. an folgendem Beispiel deutlich: Die Ausdrücke „Morgenstern" und „Abendstern" haben dieselbe Bedeutung, nämlich den Planeten Venus; aber sie haben nicht denselben Sinn, da einmal die Sichtbarkeit des Sterns am Morgen und das andere Mal seine Sichtbarkeit am Abend ausgedrückt wird. Umgekehrt gilt aber, daß zwei Ausdrücke desselben Sinns immer dieselbe Bedeutung haben, sofern überhaupt eine vorhanden ist. Freges Terminologie ist so, daß Ausdrücke ihren Sinn „ausdrücken" und ihre Bedeutung „bezeichnen"[10]. Nicht immer sagt Frege, daß definitorische Festsetzungen Sinn *und* Bedeutung betreffen. Teilweise spricht er nur von Gleichsetzung des Sinns[11] *oder* Gleichsetzung der Bedeutung[12]. Dies ist jedoch kontextbedingt. In *Grundgesetze der Arithmetik*[13] heißt es ausdrücklich, daß die Festsetzung Sinn und Bedeutung betrifft.

Der Aufbau eines Systems hat nach Frege mit synthetischen Definitionen zu beginnen, indem ausgegangen wird von logisch einfachen Ausdrücken; das sind solche, die einer analytischen Definition, einer Zerlegung in einfachere Ausdrücke, nicht fähig sind. Der Aufbau kann erst dann beginnen, wenn diese einfachen Ausdrücke bekannt sind. Hier zeigt sich bei Frege abermals eine Parallele zu Leibniz. Alle weiteren, nicht-einfachen im System (in Definitionen, Axiomen, Postulaten und Theoremen) verwendeten Ausdrücke müssen letztlich durch „Rückwärtsverfolgung" der synthetischen Definitionen auf die einfachen Ausdrücke zurückgeführt werden können. Der Inhalt des gesamten Systems ist also in nuce durch diese einfachen Ausdrücke, d. h. genauer durch deren Sinn und Bedeutung, gegeben. Die Rolle der Definitio-

---

10 *Über Sinn und Bedeutung.* Zeitschrift für Philosophie und philosophische Kritik C (1892) pp. 25—50, p. 31. Nachdruck in 5.
11 *Logik in der Mathematik*, pp. 227, 229, 246.
12 Loc. cit., p. 259.
13 *Grundgesetze der Arithmetik* I, § 27.

nen beim Aufbau des Systems besteht nach Frege lediglich darin, den Ausdruck „einfacher, handlicher"[14] zu machen, indem sie eine Abkürzung der Ausdrücke darstellen. Der Inhalt werde dadurch nicht verändert, die Definition habe es nur mit den Zeichen zu tun, „notwendig für das System" sei sie nicht, man könne auch überall den längeren, aber dafür auch umständlicheren Ausdruck beibehalten. Da Beweise Beweise von Inhalten („Gedanken") und nicht von Sätzen (im Sinne der Zeichengestalt) seien, könne man vom „logischen Standpunkt" aus auf Definitionen überhaupt verzichten, allerdings empfehle sich dieses aus psychologischen Gründen nicht, da Definitionen sehr wichtig seien „für das Denken, wie es bei uns Menschen wirklich abläuft".[15] Sie erleichtern, scheint Frege zu meinen, sozusagen das Umgehen mit den Inhalten, da unser Gedächtnis nur von begrenzter Kapazität ist. Frege drückt dies bildlich so aus, daß durch eine Definition ein Zeichen wie ein Gefäß mit Inhalt gefüllt wird, der uns dadurch zur Verfügung steht und immer bei Bedarf unter Berufung auf die jeweilige Definition wieder hervorgeholt werden kann. So können wir das Zeichen verwenden, ohne den Inhalt *ständig* präsent zu haben.

Frege ist sich klar darüber, daß Definitionen nur dann willkürlich sein können, wenn der definierte Ausdruck erst durch die Definition einen Sinn (und eine Bedeutung) bekommt. Hier unterscheidet er zwei Fälle: 1. Ein Zeichen ist ganz neu und hat durch keinen anderweitigen Gebrauch bereits einen Sinn erhalten, 2. ein Zeichen ist zwar schon bekannt und hat einen Sinn, diesen Sinn gelte es aber zu vergessen zugunsten des Sinns, der ihm durch das Definiens zugeteilt wird.

Der problematische Fall im Hinblick auf die Willkürlichkeitsthese ist ersichtlich der zweite. Im ersten Fall kann es zwar auch Gründe geben, ein Zeichen dem anderen vorzuziehen, z. B. weil es kürzer ist oder weil es phonetisch einfacher ist oder weil es üblich ist, in gewissen Zusammenhängen griechische Buchstaben zu verwenden usw., jedoch können solche Beschränkungen der Willkür ausgeklammert werden, da es sich hierbei um rein *technische*, die Zeichengestalt betreffende Fragen handelt. Interessanter ist der zweite Fall, von dem Frege sagt, daß es sich aus „Zweckmäßigkeitsgründen"[16] empfehlen könne, ein bekanntes Zeichen (mit den angegebenen Auflagen) zu verwenden. Leider führt er nicht näher aus, was er unter Zweckmäßigkeitsgründen

---

14 *Logik in der Mathematik*, p. 224.
15 Loc. cit., p. 226.
16 Loc. cit., p. 228.

versteht und er gibt auch kein Beispiel an. Man kann aber davon ausgehen, daß es andere Gründe als die bei (1) genannten sind, denn sonst bestünde kein Unterschied zwischen (1) und (2). Eine zunächst noch mögliche Interpretation wäre die, daß Frege nur nicht ausschließen wollte, ein bekanntes Zeichen zu verwenden, wenn die bei (1) genannten Gründe für dieses Zeichen sprechen; aber Freges eigene Praxis des Definierens und Bemerkungen in anderen Zusammenhängen deuten darauf hin, daß solche Zweckmäßigkeitsgründe z. B. sind, sich an den üblichen Sprachgebrauch und das mit ihm verbundene Vorverständnis anzulehnen, um sich gewisser Anschlußmöglichkeiten zu versichern. Wenn Frege dies meint — und wir wollen es im folgenden nachweisen — so bedarf seine Rede von der Willkürlichkeit der Definitionen zumindest einer gewissen Einschränkung. Frege selbst legt die noch zu prüfende Formulierung nahe, daß zwar theoretische Willkür vorliegt, aber nicht praktische. Um dies verständlich zu machen, betrachten wir die Rolle der analytischen Definitionen und Erläuterungen beim Aufbau des Systems. Beide gehören nach Frege nicht zum Aufbau des Systems, spielen aber eine (praktisch) notwendige Rolle bei der *Vorbereitung* des Aufbaus.

Die analytischen Definitionen sind das Mittel, die einfachen Grundbegriffe ausfindig zu machen. Sie haben damit die gleiche Funktion wie die bei Hobbes und Leibniz auftretenden Methoden der Analyse. Sie gehen aus von dem vorhandenen terminologischen Bestand z. B. der Mathematik und versuchen durch Zerlegung zu immer einfacheren Termini fortzuschreiten. Ist eine weitere Analyse nicht mehr möglich, d. h. sind die Termini bzw. Zeichen „logisch einfach", wie Frege sich ausdrückt, so sei eine weitere Erklärung nur durch die „Erläuterungen" möglich.

Durch Erläuterungen werde das Gemeinte umschrieben, würden Mißverständnisse abgewendet, unerwünschte, schon vorhandene Bedeutungen zurückgewiesen und es werde auf die gemeinte Bedeutung hingewiesen. Dabei müsse man „auf ein verständnisvolles Entgegenkommen, auf ein Erraten dessen, was man im Auge hat, rechnen können"[17]. Erläuterungen treten nach Frege nicht nur bei einfachen Zeichen auf, hier sind sie das *einzig mögliche* Verständigungsmittel, sondern auch dann, wenn es um ein *vorläufiges* Verständnis dessen geht, was man meint, oder auch, wenn man mit der Präzisierungsarbeit beginnt. Sie sind dann Teil einer für jede Wissenschaft notwendigen Erläuterungs*sprache*. Frege kommt es darauf an, daß sie wie die analy-

---

17 Loc. cit., p. 224.

tischen Definitionen nicht Teil der Wissenschaftssprache (Systemsprache) sind:

„Bei dem Aufbau selbst muss vorausgesetzt werden, dass die Wörter bestimmte und bekannte Bedeutungen haben."[18]

Mit Bezug auf die analytischen Definitionen heißt es ähnlich:

„Nichts von dem, was vor dem Neubau des Systems in der Mathematik geschehen ist, darf logisch für diesen Neubau in Betracht kommen. Alles muss von Grund auf neugemacht werden. Auch was wir etwa an zerlegender Tätigkeit geleistet haben, ist nur als Vorbereitung anzusehen, die im Neubau des Systems selbst nicht in die Erscheinung tritt."[19]

Welch entscheidende Bedeutung Frege den Problemen des definitorischen Anfangs beigemessen hat, geht aus seiner Kontroverse mit Hilbert über die Grundlagen der Geometrie hervor, die auch ein Licht auf Freges Auffassung der Willkürlichkeitsthese wirft. Vor allem geht es Frege in seiner Auseinandersetzung um die genauere Unterscheidung von Definitionen und Axiomen. Eine Vermengung beider sieht Frege in Hilberts Auffassung der impliziten Definitionen.[20]

Hilbert hat in seinen *Grundlagen der Geometrie*[21] für die Geometrie fünf „Axiomgruppen" aufgestellt, als deren Grundbegriffe er „Punkt", „Gerade", „Ebene" und zwischen Punkten, Geraden und Ebenen bestehende „Beziehungen" aufführt, z. B. die Beziehung der Kongruenz. Jede der Axiomgruppen soll je eine Beziehung durch die Gesamtheit ihrer den Namen der Beziehung enthaltenden Sätze (Axiome) definieren, und alle Axiomgruppen zusammen sollen die Begriffe „Punkt", „Gerade", „Ebene" definieren. Diese so genannten „impliziten Definitionen" gehören bei Hilbert mit zum systematischen Aufbau der Geometrie. Hierdurch unterscheiden sie sich von den Erläuterungen im Sinne Freges. Ein weiterer Unterschied besteht darin, daß, so Frege, durch eine Erläuterung einem Zeichen eine Bedeutung zugesprochen

---

18 Ibid.
19 Loc. cit., p. 228.
20 Einschlägig sind hier vor allem Freges Aufsätze *Über die Grundlagen der Geometrie*. Jahresbericht der Deutschen Mathematiker-Vereinigung XII (1903) pp. 319–324 u. 368–375, XV (1906) pp. 293–309, 377–403, 423–430. Nachdruck in 5. Sie werden im folgenden zitiert als *Grundlagen der Geometrie* I, II, III 1, III 2, III 3.
21 D. Hilbert: Grundlagen der Geometrie, zuerst 1899 erschienen in der *Festschrift zur Feier der Enthüllung des Gauss-Weber-Denkmals in Göttingen*. Hier zitiert nach der 7. Aufl. (1930). Cf. dort pp. 2 ff.

werden soll, während bei den impliziten Definitionen, so Hilbert, die inhaltliche Interpretation der Grundbegriffe gleichgültig sei, da es nur auf deren formale Eigenschaften ankomme. Deshalb macht Frege auch gegen Hilbert geltend, daß man hier nicht von „Definitionen" sprechen könne, weil überhaupt keine Bedeutungsfestsetzungen vorliegen.[22]

Der Ausdruck „implizite Definitionen" (definitions implicites) stammt von Gergonne.[23] Er unterscheidet implizite und explizite (explicites) Definitionen. Eine implizite Definition nennt er ein System von Aussagen, im Grenzfall eine einzige Aussage, in denen Wörter mit bekannter und solche mit unbekannter Bedeutung vorkommen. In Orientierung an der Auflösung von Gleichungssystemen fordert Gergonne, daß die Anzahl der Aussagen dieselbe sein muß, wie die Anzahl der unbekannten Bedeutungen. Die unbekannten Bedeutungen würden sich dann aus dem Zusammenhang ergeben, in dem sie mit den bekannten Bedeutungen stehen. Von Freges Begriff der Erläuterung unterscheidet sich auch dieser Begriff der impliziten Definition dadurch, daß die impliziten neben den expliziten Definitionen als gleichberechtigt angesehen werden. Außerdem soll in einer Erläuterung die Bedeutung *eines* Zeichens meist durch *mehrere* Sätze verdeutlicht werden. Da auch für die impliziten Definitionen im Sinne Hilberts nicht gefordert wird, daß die Anzahl der unbekannten Bedeutungen mit derjenigen der Sätze (Axiome) übereinstimmt, unterscheiden sich die impliziten Definitionen im Sinne Gergonnes auch von diesen. Wie Erläuterungen sind sie im Gegensatz zu den impliziten Definitionen im Sinne Hilberts inhaltlich aufzufassen. Letztere impliziten Definitionen werden zur Unterscheidung von denen Gergonnes auch „Definitionen durch Postulate (Axiome)"[24] genannt. Frege lehnt beide Arten der impliziten Definitionen ab, Erläuterungen sind nach ihm ja keine Definitio-

---

22 Cf. dazu *Unbekannte Briefe Frege's über die Grundlagen der Geometrie und Antwortbrief Hilbert's an Frege*, hg. v. *M. Steck*. Sitzungsberichte der Heidelberger Akademie der Wissenschaften, Math.-naturw. Klasse, Jg. 1941, 2. Abh. Heidelberg, 1941, insbes. pp. 12 ff. u. Hilberts Antwort, p. 18. Neudruck in 5.
   Eine ausführliche Darstellung der Kontroverse zwischen Frege und Hilbert, sowie eine Rehabilitierung der Ansichten Freges findet sich bei *F. Kambartel: Erfahrung und Struktur.* Frankfurt, 1968, pp. 155 ff. u. ders.: *Formales und inhaltliches Sprechen (Frege — Hilbert — Wittgenstein)*; in: *Das Problem der Sprache*, hg. v. *H.-G. Gadamer*. München, 1967, pp. 293—312.
23 *J. D. Gergonne: Essai sur la théorie des définitions.* Annales de Mathématiques pures et appliquées IX (1818/19) pp. 1—35, p. 23.
24 Cf. z. B. *W. Dubislav: Die Definition.* 3. Aufl., Leipzig, 1931, p. 40.

nen, und er erkennt nur explizite Definitionen als Definitionen an, wobei er hier noch die bereits behandelte Beschränkung auf synthetische Definitionen vornimmt. Gegen die impliziten Definitionen im Sinne Gergonnes wendet Frege ein, daß sie, verstanden als ein System von Gleichungen mit mehreren Unbekannten, nicht gewährleisten, daß die Anzahl der Lösungen mit derjenigen der unbekannten Bedeutungen übereinstimmt.[25] Frege kritisiert noch andere nach seiner Auffassung nicht zulässige Definitionsarten.[26] Wir wollen jedoch hierauf nicht weiter eingehen, sondern zur Willkürlichkeitsthese Freges zurückkommen. Rückblickend können wir sagen, daß analytische Definitionen und Erläuterungen von Frege als notwendige *Hilfsmittel* angesehen werden, die Grundbegriffe eines Systems aufzufinden bzw. deren Bedeutung anzugeben.

Um Freges Begriff der Willkürlichkeit weiter zu klären, betrachten wir zunächst die Praxis seines eigenen Definierens. Hierbei müssen wir uns bewußt sein, daß diese Praxis zeitlich vor seinen theoretischen Äußerungen liegt, in denen die Willkürlichkeitsthese formuliert wird. Erst in der nachgelassenen Schrift *Logik in der Mathematik* von 1914 findet sich die Willkürlichkeitsthese in der angegebenen rigorosen Form, vorher tritt auch das Wort „willkürlich" in definitionstheoretischen Zusammenhängen kaum auf. Der Grundsatz der *Explizitheit* der Definitionen wird allerdings schon 1893 im ersten Band der *Grundgesetze der Arithmetik* formuliert.[27] Trotz des nur spärlichen Auftretens des Wortes „willkürlich" in den Schriften vor 1914 kann man annehmen, daß die definitionstheoretischen Ansichten Freges sich in diesem Punkt nicht gänzlich gegenüber seinen früheren Vorstellungen geändert haben dürften. Aufgrund des Gesamtcharakters von *Logik in der Mathematik* darf man vielmehr vermuten, daß Formulierungen von 1914 Umformulierungen bereits gehegter Ansichten sind, mit der Absicht einer Wiederaufnahme der bereits früher, vor allem mit Hilbert geführten Kontroverse über die Grundlegung der Geometrie. Dafür spricht, daß in diesem Stück auch Auseinandersetzungen mit Cantor, Thomae, Weierstraß und anderen über den Begriff der Zahl wieder zur Sprache kommen. Es ist also wohl berechtigt, Freges Auffassungen von 1914 eher als eine Präzisierung denn als eine völlige Neuformulierung früherer Ansichten zu verstehen, und es mag des-

---

25 *Grundgesetze der Arithmetik* II, § 66.
26 Cf. dazu loc. cit., §§ 55—67.
27 *Grundgesetze der Arithmetik* I, § 33, 3. Grundsatz.

halb auch berechtigt sein, die *frühere Praxis* des Definierens mit der *späteren Theorie* des Definierens, d. h. hier der Willkürlichkeitsthese, zu vergleichen. Außerdem wird es sich freilich empfehlen, auch Freges frühere noch nicht explizit die Willkürlichkeitsthese vertretenden Äußerungen zum Definitionsproblem heranzuziehen.

Zunächst ist es wichtig, sich genau klarzumachen, was bei einer expliziten synthetischen Definition nach Frege willkürlich ist. Es ist dieses nämlich wie bei Leibniz nur die Wahl eines Zeichens als Definiendum. Frege selbst spricht hier von „erklärtem Zeichen", während dem heute üblichen Ausdruck „Definiendum" entsprechen würde „zu erklärendes Zeichen". Im Grunde ist Freges Formulierung sachgemäßer; denn *zu definieren* ist ja nichts. Dies würde implizieren, daß das Zeichen bereits irgendwie gegeben sei und es nun *gelte,* ein erklärendes Zeichen dafür zu *finden.* Jedoch darf man so nach Frege nur bei den in seinem Sinne „uneigentlichen" analytischen Definitionen reden. Der Sprachgebrauch Freges ist hier konsistenter als derjenige seiner Nachfolger in der Auffassung vom synthetischen und willkürlichen Charakter der Definitionen. Kant, der vergleichsweise ähnlich wie Frege von „willkürlicher Synthesis" bei eigentlichen Definitionen spricht, verwendet bereits genauer „Definitum", was dem Ausdruck Freges entspricht.[28] Wir wollen hier unter Berücksichtigung dieser Einschränkung aber trotzdem dem üblichen Sprachgebrauch folgen.

Schaut man sich Freges begriffsschriftlichen Aufbau z. B. in den *Grundgesetzen der Arithmetik* daraufhin an, wieweit die Wahl des Definiendums willkürlich ist, so stellt man fest, daß hier in der Tat weitgehend nur solche Zeichen verwendet werden, die nicht bereits z. B. in der Gebrauchssprache vorkommen. Die Zusammenstellung des Definiens beruht jedoch nicht auf willkürlicher Wahl. Hierauf erstreckt sich Freges Willkürlichkeitsthese nicht, es werden auch nicht kombinatorisch alle erlaubten Verbindungen von Zeichen durchgespielt, wie es der ursprüngliche Plan z. B. Leibnizens gewesen zu sein scheint. Frege nimmt von vornherein eine Beschränkung der Kombinationsmöglichkeiten nach einem Plan vor, nämlich der Verwendung in den *beabsichtigten* Beweisen; dies entspricht seinem Grundsatz, daß eine Definition nur dann aufgestellt werden dürfe, wenn sie auch zu Beweisen herangezogen werde. Die von ihm spöttisch „Stuck-Definitionen"[29] genannten Definitionen, die wie der Stuck an Gebäuden nichts zum Aufbau beitrügen, lehnt

---

28 I. Kant: Logik (Jäsche). Akad. Ausg., Bd. IX, p. 144 f.
29 Logik in der Mathematik, p. 229.

Frege ab. Wir können also sagen, daß Freges Willkürlichkeitsthese sich lediglich auf die Wahl des Zeichens für das Definiendum erstreckt. Daß im Definiens innerhalb des begriffsschriftlichen Aufbaus ebenfalls keine Ausdrücke der Gebrauchssprache auftreten, liegt daran, daß bereits die logisch einfachen Ausdrücke willkürlich gewählt worden sind. Allerdings ist diese Wahl nicht mit der Wahl des Zeichens für das Definiendum zu verwechseln, da nach Frege die Bedeutung (der Sinn) des neu eingeführten Zeichens im ersten Fall genauso „logisch einfach" ist wie der gebrauchssprachliche Ausdruck, während im zweiten Fall die Bedeutung des neu eingeführten Zeichens zusammengesetzt sein soll aus den Bedeutungen der Ausdrücke im Definiens. Die Frage ist, ob die Redeweise von der Willkürlichkeit der Definitionen vertretbar ist, wenn sie auf die Wahl des Zeichens für das Definiendum beschränkt bleibt oder ob auch diese Wahl nicht willkürlich verstanden werden kann (darf).

Frege ist sich bewußt, daß die Willkürlichkeitsthese impliziert, daß der *Inhalt* des gesamten Systems gegeben sein muß durch die logisch einfachen Inhalte der „Urzeichen" (wobei das Kennzeichen „logisch einfach" teilweise ähnlich systemrelativ zu verstehen ist, wie die Auszeichnung gewisser Sätze als Axiome)[30], da Definitionen seiner Meinung nach inhaltlich nichts Neues bringen dürfen. Jeder Beweis müsse theoretisch ohne Hinzuziehung von Definitionen geführt werden können (Grundsatz der Eliminierbarkeit der Definitionen, bzw. der Definienda). Beim Aufbau eines Systems, speziell der Arithmetik, ist also der Nachweis zu erbringen, daß die einfachen Urzeichen ausreichen, die komplexen Inhalte z. B. der Sätze der Arithmetik darzustellen. Dieser Nachweis erfolgt natürlich am besten dadurch, daß man den Aufbau durchführt, wie dies Frege auch versucht hat. Genauer müßten wir aber eigentlich sagen, daß Frege einen Aufbau unternimmt, den er „Aufbau der Arithmetik" *nennt*. Doch wie können wir wissen, daß es sich hierbei um Arithmetik handelt? Auf diese Frage gibt es (mindestens) zweierlei Antworten:

---

30 Cf. oben p. 25. So kann man bekanntlich z. B. als logisch einfache Junktoren den Subjunktor und den Negator oder den Konjunktor und den Negator usw. oder sogar nur den *Sheffer*schen Strich oder den *Nicod*schen Junktor wählen. Frege ist sich hierüber in gewissen Grenzen klar gewesen, wie die unterschiedliche Darstellung in *Begriffsschrift* und *Logische Untersuchungen. Dritter Teil: Gedankengefüge* (Beiträge zur Philosophie des deutschen Idealismus III (1923—26) pp. 36—51) zeigt. Cf. die Einleitung von G. Patzig zu *G. Frege: Logische Untersuchungen.* Göttingen, 1966, insbes. pp. 22 ff.

1., daß dies selbst eine willkürliche Festsetzung sei und kein Wissen, die Frage also falsch gestellt sei und 2., daß man dies aufgrund der vorherigen Analyse wisse, die Frege selbst als notwendig für den Aufbau angesehen habe.

Die erste Antwort ist für Frege erklärtermaßen nicht möglich, da er ausdrücklich eine Rekonstruktion der bereits bekannten Arithmetik beabsichtigt, wobei er sogar von den „Kleinkinder-Zahlen"[31] ausgeht. Seine Polemik richtet sich deshalb nur gegen die mangelhafte Grundlegung und Begründung der Arithmetik und nicht gegen den Bestand der Sätze. Allerdings ist er der Ansicht, daß mit einer unterschiedlichen Grundlegung, insbesondere unterschiedlichen Definition des Zahlbegriffs, der Bestand der Sätze einen unterschiedlichen Sinn bekommt und damit verschiedene Arithmetiken aufgebaut würden, falls nicht ein Aufbau, und dies ist für Frege der logizistische, der einzig richtige wäre. Man kann so sagen, daß Frege sich bei seinem Aufbau der Arithmetik an den für ihn zwar unzureichenden Versuchen anderer orientiert, wobei er außerdem bei seinen Analysen auf Zahlaussagen in lebenspraktischen Zusammenhängen rekurriert. Demnach trifft für Frege die unter (2) genannte Antwort zu, d. h. die Bezeichnung „Arithmetik" für seinen Aufbau wird gerechtfertigt durch eine Rekonstruktion des Vorverständnisses von Arithmetik. Damit stellt sich aber für ihn das Adäquatheitsproblem erneut, das er meinte durch seine synthetischen Definitionen erledigt zu haben. Frege hat richtig erkannt, daß analytische Definitionen dieses Problem mit sich führen und *deshalb* nicht willkürlich sein können. Nur wo sich Adäquatheitsfragen nicht stellen, kann man die Willkürlichkeitsthese vertreten. Der Titel seines Buches „Grundgesetze der Arithmetik" ist aber nur dann zu Recht gegeben, wenn sich Adäquatheitsbegründungen finden. Diese werden freilich nicht nur durch Rekurs auf faktischen Wortgebrauch, sondern auch und vor allem durch kritische Rekonstruktion gegeben. Da nun eine Rechtfertigung des Wortgebrauchs „Arithmetik" oder „Zahl" nicht durch synthetische Definitionen erstellt werden kann, diese Rechtfertigung aber unverzichtbar ist, ist es höchst irreführend, synthetische Definitionen als „eigentliche" Definitionen zu deklarieren, und solche Rechtfertigungsfragen in den „Vorhof" zu verweisen.[32] So wird zwar die Bedeutung analytischer

---

31 *Zahlen und Arithmetik;* in: *Nachgelassene Schriften,* pp. 295—297.
32 *Unbekannte Briefe Frege's* etc., pp. 13 f. Dazu: *Logik in der Mathematik,* p. 228.

Definitionen und Erläuterungen nicht bestritten, aber doch die Idee des Systems als vorrangiges Programm zu verwirklichen getrachtet. Frege selbst hat durch seine Argumentation gegen Hilbert und andere seine eigene Willkürlichkeitsthese quasi widerlegt, indem er sehr wohl um die Berechtigung der Verwendung von Termini gestritten hat und es keineswegs seinen Kontrahenten überlassen hat, die Bedeutung der Termini willkürlich festzusetzen. In der wissenschaftspolitischen Praxis hat er den Zusammenhang von Definitionen und Interessen — wie sich vorgreifend formulieren läßt — erkannt, aber nicht die theoretischen Konsequenzen gezogen. Es ist eben nicht gleichgültig, ob etwas „Arithmetik" genannt wird, denn der Terminus „Arithmetik" bietet Anschlußmöglichkeiten für Interessen, die allgemein als gerechtfertigt anerkannt werden etc.[33] Hier scheint denn auch der eigentliche Angelpunkt der „Zweckmäßigkeitsgründe" zu liegen. Diese Andeutungen mögen hier zunächst genügen. Zusammenfassend können wir sagen, daß der Hinweis auf die praktische Bedeutsamkeit der Definitionen bei Frege nur ein Zugeständnis an die beschränkte Kapazität des menschlichen Bewußtseins ist, nicht aber die Erkenntnis, daß die Anerkennung oder Ablehnung von Definitionen durch zugrundeliegende Erkenntnisinteressen oder gar wissenschaftspolitische Interessen gesteuert wird.

Es soll nun im einzelnen der Nachweis für die These geführt werden, daß Freges eigene Vorgehensweise sehr ambivalent ist und seiner Willkürlichkeitsthese nicht entspricht. Zu diesem Zweck machen wir folgende chronologische Einteilung:

1. Grundlagen der Arithmetik (1884)
2. Grundgesetze der Arithmetik I (1893), II (1903)
3. Grundlagen der Geometrie (1903—1906)
4. Logik der Mathematik (1914)

Wir vergleichen die aus *Logik in der Mathematik* als dem vierten Stadium der definitionstheoretischen Überlegungen Freges herausgearbeiteten Ergebnisse mit den drei ersten Stadien.

---

33 Frege selbst verwendet sogar in Auseinandersetzung mit der „formalen Arithmetik" den Ausdruck „Interesse" in diesem Sinne, wenn er betont, daß unser Interesse an Arithmetik nicht den formalen Zeichenspielereien gelte, sondern dem „Gedankengang, der bei uns die Sache begleitet", also der inhaltlichen Einsicht (*Grundgesetze der Arithmetik* II, p. 100).

Grundlagen der Arithmetik
In den *Grundlagen der Arithmetik* bemüht sich Frege um die logizistische Begründung der Arithmetik, d. h. um die Rückführung des Zahlbegriffs bzw. Anzahlbegriffs auf den logischen Begriff des Begriffsumfangs. Ersichtlich wird hier im Sinne der späteren Unterscheidung nach einer analytischen Definition gesucht. Frege stellt die Frage nach der „Definierbarkeit des Begriffs der Anzahl"[34], d. h. nach der Möglichkeit der Zurückführung auf Einfacheres. Die sich daraus ergebenden Adäquatheitsfragen werden von ihm nicht mit dem späteren „Kunstgriff" beantwortet, daß man nun vergessen müsse, wie das bisherige Vorverständnis des Begriffs der Anzahl sei, sondern mit folgendem Hinweis: „Denen, welche etwa meine Definition für unnatürlich erklären möchten, gebe ich zu bedenken, dass die Frage hier nicht ist, ob natürlich, sondern ob den Kern der Sache treffend und logisch einwurfsfrei".[35] „Natürlich" kann hier wohl nur heißen „dem gewohnten faktischen Vorverständnis entsprechend". Diesem wird hier eine Absage erteilt zugunsten einer fast nach „Wesensbestimmung" („Kern der Sache") klingenden Forderung. Die logische „Einwurfsfreiheit" (das heißt wohl mehr als „Widerspruchsfreiheit")[36] braucht in diesem Zusammenhang nicht weiter betrachtet zu werden.

Eine etwas genauere Ausführung in die genannte Richtung macht Frege, wenn er erklärt, daß es ihm nicht darauf ankomme, den „Sprachgebrauch des Lebens" zu treffen, sondern „den Zahlbegriff so zu fassen, wie er für die Wissenschaft brauchbar ist."[37] Auch dies ist freilich noch keine befriedigende Erläuterung, macht aber so viel deutlich, daß Frege die Adäquatheitsfrage als Rekonstruktionsproblem betrachtet. Hierbei wird von Frege in den *Grundlagen der Arithmetik* die Fruchtbarkeit der Definitionen geltend gemacht. „Definitionen bewähren sich durch ihre Fruchtbarkeit. Solche, die ebensogut wegbleiben könnten, ohne eine Lücke in der Beweisführung zu öffnen, sind als völlig werthlos zu verwerfen."[38] Hiermit sagt Frege indirekt im Gegensatz zu seinen späteren Äußerungen in *Logik in der Mathematik*, daß Definitionen auch theoretisch nicht überflüssig sind, denn ohne sie gäbe es eben „eine Lücke in der Beweisführung". Und dies besagt nicht etwa nur, daß,

---

34 *Grundlagen der Arithmetik*, p. 5.
35 Loc. cit., p. XXIII.
36 Cf. loc. cit., p. XXI.
37 Loc. cit., p. 69.
38 Loc. cit., p. 81.

wenn man innerhalb eines Beweises eine Definition streicht, dann gewisse Übergänge, die von dieser Definition Gebrauch machen, nicht mehr verständlich sind — dies ist selbstverständlich —, sondern, daß der Beweis ohne die Definition gar nicht geführt werden könnte. Es wird den Definitionen also ein Erkenntniswert zugesprochen, womit ihre Willkürlichkeit ausgeschlossen ist. Frege selbst geht so vor, daß er die Fruchtbarkeit seiner Definition der Anzahl dadurch nachzuweisen versucht, daß er aus ihr „*bekannte Eigenschaften der Zahlen*"[39] ableitet. Diese Formulierung zeigt, daß Frege seine Definition auch an dem orientiert, was wir „Anschlußmöglichkeiten" genannt haben, und zwar an Anschlußmöglichkeiten für das theoretische Interesse an Mathematik bzw. Arithmetik.[40] Von Willkürlichkeit der Definitionen ist also in den *Grundlagen der Arithmetik* noch gar nicht die Rede. Dies hat letztlich den Grund darin, daß Frege dort die Sätze der Arithmetik als analytisch nachzuweisen versucht und gleichwohl daran festhält, daß sie erkenntniserweiternd sind.

Für Frege sind, wie für Kant, Sätze dann analytisch, wenn sie durch bloße logische Umformungen aus logisch wahren Sätzen und Definitionen beweisbar sind. Frege teilt jedoch nicht Kants Auffassung, daß durch analytische Sätze unsere Erkenntnis nicht erweitert werden könne, vielmehr sind ihm gerade die Sätze der Arithmetik — die Geometrie hält er mit Kant für synthetisch — Beispiele für einerseits analytische und andererseits erkenntniserweiternde Wahrheiten. Seine Argumentation ist hierbei etwa so: Wenn die Sätze der Arithmetik analytisch sind, so gibt es erkenntniserweiternde analytische Sätze, denn die Sätze der Arithmetik erweitern unsere Erkenntnis. Nun sind aber die Sätze der Arithmetik analytisch, also gibt es erkenntniserweiternde analytische Sätze.[41] Der entscheidende Schritt für den Nachweis der Analytizität der Sätze der Arithmetik ist nach Frege die Feststellung der Definierbarkeit (mit Hilfe rein logischer Grundbegriffe) des Anzahlbegriffs.[42] Dem

40 Frege formuliert diesen Grundsatz (loc. cit., p. 98) so: „Wenn man die Bedeutung eines Wortes erweitert, so wird man darauf zu achten haben, dass möglichst viele allgemeine Sätze ihre Geltung behalten [...]".
41 Loc. cit., pp. 99—104.
42 Loc. cit., p. 5: „Hier ist es nun vor allem die Anzahl, welche definirt oder als undefinirbar anerkannt werden muss. Das soll die Aufgabe dieses Buches sein. Von ihrer Lösung wird die Entscheidung über die Natur der arithmetischen Gesetze abhängen."

39 Ibid., Hervorhebung vom Verf.

erkenntniserweiternden Charakter der arithmetischen Sätze würde es aber widersprechen, so scheint Frege jedenfalls in den *Grundlagen* zu meinen, wenn nun diese Definition und auch andere Definitionen als willkürliche Festsetzungen verstanden würden, der analytische Charakter würde ersichtlich nicht darunter leiden, und so widmet Frege dieser Frage eine eigene Auseinandersetzung mit Kant. Folgendes Zitat spricht dabei für sich:

> „Die fruchtbareren Begriffsbestimmungen ziehen Grenzlinien, die noch gar nicht gegeben waren. Was sich aus ihnen schliessen lasse, ist nicht von vornherein zu übersehen; man holt dabei nicht einfach aus dem Kasten wieder heraus, was man hineingelegt hatte. Diese Folgerungen erweitern unsere Kenntnisse, und man sollte sie daher *Kant* zufolge für synthetisch halten; dennoch können sie rein logisch bewiesen werden und sind also analytisch. Sie sind in der That in den Definitionen enthalten, aber wie die Pflanze im Samen, nicht wie der Balken im Hause. Oft braucht man mehre [sic] Definitionen zum Beweise eines Satzes, der folglich in keiner einzelnen enthalten ist und doch aus allen zusammen rein logisch folgt."[43]

Zusammenfassend kann für die *Grundlagen der Arithmetik* festgehalten werden, daß Frege Definitionen nicht als willkürliche Festsetzungen betrachten kann, weil dies im Widerspruch zum erkenntniserweiternden Charakter arithmetischer Sätze stünde.

Es mag an dieser Stelle daran erinnert werden, daß Leibniz im Hinblick auf Realdefinitionen eine ganz entsprechende Ansicht vertreten hat. Da er alle „Vernunftwahrheiten" als analytisch betrachtet, d. h. in seiner Terminologie, daß sie auf identische Sätze und Definitionen zurückführbar sein müssen, wäre für ihn aus der Willkürlichkeitsthese zumindest für die Vernunftwahrheiten das Hobbessche Paradoxon entstanden, daß alle diese Wahrheiten willkürlich wären und damit auch keinen Erkenntniswert hätten.

Für Frege stellt sich dieses Problem freilich nur so lange, als es ihm um eine Zurückführung der Arithmetik auf Logik geht. Die Geometrie ist ohnehin von diesen Schwierigkeiten ausgenommen, denn sie hat auch nach Frege synthetischen Charakter und ist damit erkenntniserweiternd. Bei der Arithmetik ist dies eben anders. Jedenfalls kann Frege nicht die Rückführung der Arithmetik auf Logik für eine Erkenntnis halten und gleichzeitig die für diesen Nachweis entscheidende Definition des Anzahlbegriffs als willkürlich ansehen. Er betont auch im Anschluß an die Forderung, „alles Arithmetische durch Definition auf das Logische zurückzuführen", die Ersetzung des mathematischen Ausdrucks „Menge" durch den logischen „Begriff" (bzw.

---

43 Loc. cit., pp. 100 f.

„Begriffsumfang") sei „nicht bloß eine gleichgültige Änderung der Benennung, sondern für die Erkenntnis der wahren Sachlage von Wichtigkeit".[44]

Grundgesetze der Arithmetik
Die definitionstheoretischen Überlegungen der *Grundgesetze der Arithmetik* unterscheiden sich von denen der *Grundlagen* vor allem dadurch, daß sie systematisch zusammengefaßt und präzisiert werden. Abgesehen von der Bestimmung der Kriterien, denen eine Definition genügen muß, und der daraus resultierenden Ablehnung einiger Definitionsarten, enthält vor allem der erste Band genauere Angaben über den Charakter der einzig legitimierten *expliziten* Definition.[45] So macht Frege deutlich, daß er unter einer Definition die Zusammenstellung des Definiens *und* die Einführung eines neuen Zeichens versteht[46], wobei die Zusammenstellung des Definiens im Sinne der Merkmalkombination als „Abgrenzung" auftritt.

Es war bereits darauf hingewiesen worden, daß Frege von Willkürlichkeit der Definitionen nur im Sinne der Einführung neuer Zeichen spricht. Diese Willkürlichkeit scheint bei ihm aus einer rigorosen Variante der allgemeineren These von der Willkürlichkeit der Zeichen zu resultieren. Danach besteht nicht nur kein *notwendiger* Zusammenhang von Zeichen und Bezeichnetem, sondern überhaupt keiner; dieser sei vielmehr „rein konventionell" (purement conventionelle)[47], so daß jedes Zeichen durch ein anderes ersetzt wer-

---

44 *Über formale Theorien der Arithmetik.* Jenaische Zeitschrift für Naturwissenschaft XIX (1886) Suppl., pp. 94—104, p. 96. Neudruck in 5.
Im weiteren Verlauf (loc. cit., p. 98) spricht sich Frege auch dagegen aus, daß eine Definition einem Zeichen willkürlich eine Bedeutung geben könne, wie dies die formale Arithmetik annehme. Allerdings ist hiermit keine explizite Absage an die Willkürlichkeitsthese gemacht, wie man dem Wortlaut entsprechend vermuten könnte, sondern Frege will wohl nur sagen, daß man nicht ohne Rückgang auf bereits bekannte Bedeutungen definieren könne (cf. loc. cit., p. 96). Die Willkür besteht darin, daß man Zeichen Bedeutungen zuordnet, ohne sich zu vergewissern, daß man diese Bedeutungen zur Verfügung hat. Am ehesten könnte man hier, bezogen auf die spätere Entwicklung der Definitionstheorie bei W. *Dubislav*, eine Kritik der so genannten „Zuordnungsdefinitionen" (cf. pp. 53 f.) erblicken. Die Interpretation von „willkürlich" an dieser Stelle wird bestätigt durch *Grundgesetze der Arithmetik* II, §§ 89 ff.
45 Cf. dazu *F. v. Kutschera: Freges Definitionslehre;* in: ders.: *Elementare Logik.* Wien, New York, 1967, pp. 354—378.
46 *Grundgesetze der Arithmetik* I, pp. XIII, 44 f.
47 *Le nombre entier.* Revue de Métaphysique et de Morale III (1895) pp. 73—78, p. 73. Neudruck und dt. Übers. in 5.

den könnte. Diese These und andere Bemerkungen Freges, z. B. über das Verhältnis der Ausdrücke „Menge" und „Begriff", sind jedoch nicht miteinander verträglich. Auch in den *Grundgesetzen* wird im Sinne des logizistischen Programms daran festgehalten, daß mathematische Ausdrücke durch logische zu ersetzen sind, z. B. „Zuordnung" durch „Beziehung".[48]
Wenn man die einzelnen Definitionen im begriffsschriftlichen Aufbau der Grundgesetze betrachtet, so hat es zunächst den Anschein, daß für sie die Willkürlichkeitsthese gelte, denn sie führen nur ein beliebiges kürzeres Zeichen für ein komplexeres ein. Jedoch muß man bedenken, daß Frege die Interpretation (Sinn und Bedeutung) dieser Zeichen mit Hilfe der Gebrauchssprache vornehmen muß und deshalb sofort das Adäquatheitsproblem auf der Sinn/Bedeutungsebene entsteht. Modern gesprochen handelt es sich bei seinen Definitionen nicht um bloß syntaktische, sondern um semantische Definitionen.
Der zweite Band der *Grundgesetze*[49] nimmt im Zusammenhang mit einer Kritik am „stückweisen Definieren" bzw. Mehrfachdefinieren auch indirekt Stellung zu den „Anschlußmöglichkeiten". So betrachtet Frege das Verhältnis von überkommenen Definitionen der faktischen Wissenschaft und im Laufe der Entwicklung der Wissenschaft notwendigen Neudefinitionen. Um eine Mehrfachdefinition zu vermeiden, schlägt Frege vor, entweder als Definiendum ein ganz neues Zeichen zu wählen oder das ganze System der Wissenschaft mit den neuen Definitionen neu aufzubauen, wobei er nicht ausschließt, daß die Definienda nominell beibehalten werden dürfen. Daß diese beiden Möglichkeiten nicht ergriffen würden, führt Frege darauf zurück, daß man die Erfordernisse der „Anfänge der Wissenschaft" und die „Bedürfnisse des Unterrichts" den Erfordernissen der Logik (unrechtmäßig) vorzieht, daß also Anschlußbemühungen aus hermeneutischen und didaktischen Gründen Anlaß für das unerlaubte stückweise Definieren sind. Der erste Vorschlag impliziert die Aufgabe dieser Anschlußbemühungen im Einklang mit der Willkürlichkeitsthese. Der zweite Vorschlag jedoch, der sich der Anschlußmöglichkeiten partiell noch versichert und von Frege selbst befolgt wird, steht mit der in seinem Gefolge auftretenden Adäquatheitsfrage im Widerspruch zur Willkürlichkeitsthese.

---

48 *Grundgesetze der Arithmetik* I, p. 3.
49 *Grundgesetze der Arithmetik* II, §§ 57 f.

Grundlagen der Geometrie
Freges Definitionstheorie erfährt in den Schriften *Über die Grundlagen der Geometrie* eine explizite Zuspitzung im Sinne der Willkürlichkeitsthese. Anlaß hierzu ist der Gebrauch, den Hilbert in seinen *Grundlagen der Geometrie* von dem Terminus „Definition" macht. In *Über die Grundlagen der Geometrie* von 1903 spricht Frege die Willkürlichkeitsthese zum erstenmal in der Form aus, daß er Definitionen „willkürliche Festsetzungen" nennt.[50] In *Über die Grundlagen der Geometrie* von 1906 finden sich dann bereits Formulierungen, die die spätere Unterscheidung aus *Logik in der Mathematik* von zerlegender und aufbauender Definition vorformulieren.[51] Doch zunächst zur ersten Auseinandersetzung mit Hilbert. Hier macht Frege noch nicht den Unterschied zwischen Definitionen von bereits im Gebrauch befindlichen Worten und Definitionen, die ein ganz neues Zeichen einführen. Es heißt zwar, daß durch eine Definition ein Zeichen, „das bis dahin keine Bedeutung hatte", nun eine solche bekommt, aber damit ist der Fall eines bereits im Gebrauch befindlichen Zeichens nicht ausgeschlossen, denn im strengen Sinne hat nach Frege ein Zeichen nur dann eine Bedeutung, wenn es keine vage Bedeutung hat. Er drückt dies z. B. für Begriffszeichen, die nicht „scharf begrenzt" sind, bei denen also für die Subsumtion nicht das tertium non datur gilt, so aus, daß sie „vom logischen Standpunkte aus als bedeutungslos anzusehen" sind.[52] Nachdem Frege Definitionen jeden „Erkenntniswert" abgestritten hat und ihren einzigen „Nutzen" darin sieht, daß sie den Ausdruck durch Abkürzung „handlicher" machen, formuliert er dann ganz klar, daß zwischen den genannten beiden Fällen im Grunde kein Unterschied besteht:

> „Man mag als Nutzen einer Definition noch dies hinstellen, daß man sich durch sie des Inhalts klarer bewußt wird, den man mit einem Worte, aber nur halbbewußt verbunden hat. Die kann vorkommen, ist aber weniger ein Nutzen der Definition, als des Definierens. Nach Aufstellung der Definition ist es für die Folge einerlei, ob das erklärte Wort oder Zeichen ganz neu erfunden ist, oder ob schon vorher irgendein Sinn damit verbunden war."[53]

In *Über die Grundlagen der Geometrie* von 1906 erfährt dann insbesondere der letzte Satz einige Ausführungen. Frege mag gemerkt haben, daß gerade

---

50 *Grundlagen der Geometrie* I, p. 320.
51 *Grundlagen der Geometrie* III 1, p. 303.
52 *Lettera del sig. G. Frege all'Editore*. Revue de Mathématiques (Revista di Matematica) VI (1896—99) pp. 53—59, p. 55. Neudruck in 5.
53 *Grundlagen der Geometrie* I, p. 320, Anm. 4.

der Fall, wenn man von einer zerlegenden Definition zu einer aufbauenden übergeht, das eigentliche Willkürlichkeitsproblem enthält. Als Lösung, die Frege vorschlägt, bahnt sich der in *Logik in der Mathematik* ausgeführte Vorschlag an, zwischen dem System der Wissenschaft und den Tätigkeiten, die dem Aufbau des Systems vorangehen, zu unterscheiden. Hiermit kommen wir nach der Darstellung der Entwicklung von Freges Definitionslehre auf die Frage zurück, ob die Willkürlichkeitsthese in der von Frege vertretenen Form haltbar ist.

Freges Idee des Systems besteht darin, daß man ausgehend von 1. bedeutungsvollen „Urzeichen" und 2. aus solchen Urzeichen zusammengesetzten „Grundgesetzen" bzw. „Axiomen"[54] mit Hilfe von „Regeln" Sätze des Systems ableitet. Hierbei wird gefordert, daß dies „ohne Beimischung von Worten"[55] geschehe. Im Rahmen eines solchen kunstsprachlichen Systems treten Definitionen dann als bloße Abkürzungen auf. Darin aber mit Frege ihren einzigen Zweck sehen zu wollen, würde analog betrachtet besagen, daß der einzige Zweck des Systems das System selbst wäre. Ein solches System bekommt aber überhaupt erst einen Wert, wenn man es als System einer Wissenschaft, z. B. der Arithmetik, verstehen kann.

Frege selbst geht in den *Grundgesetzen* so vor, daß er dem „Aufbau" jeweils eine „Zerlegung" vorausschickt. Während der Aufbau ohne die Wortsprache erfolgt, wird in der Zerlegung der folgende Aufbau motiviert. Frege selbst scheint die Zerlegung nur aus erkenntnispsychologischen Gründen für erforderlich zu halten, sie ist aber mehr, nämlich die Einbettung des Systems in einen zunächst einmal wissenschaftlichen Kontext, ohne den es gar nicht als Arithmetik identifiziert würde. Analog dürfen die analytischen Definitionen nicht als bloße Schritte innerhalb der Genese abgetan werden, sondern sie stellen den Zusammenhang zwischen dem Vorverständnis und der Präzisierung der Termini her. Ein derartiger Zusammenhang erlaubt allererst, von Präzisierung zu sprechen. Die von Frege als notwendig zugestandene Analyse ist es nicht nur in einem erkenntnispsychologischen, wie z. B. das Gefäßbild nahelegt, sondern in einem weitergehenden wissenschaftspolitischen Sinne. Frege gibt zu verstehen, daß er Definitionen erkenntnis-theoretisch als überflüssig betrachtet, aber nicht erkenntnis-praktisch. Sein erkenntnispsychologischer Praxisbegriff ist aber zu eng. Definitionen dienen darüber hinaus der *Rechtfertigung*

---

54 Frege zieht es vor, in der Logik von „Grundgesetzen" zu sprechen, in der Geometrie dagegen von „Axiomen".
55 *Grundgesetze der Arithmetik* I, p. 60.

einer (theoretischen) Praxis. Sie sind notwendig, um das System mit einem geeigneten Vorverständnis so zu verbinden, daß das System selbst gerechtfertigt erscheint. Dies steht eng im Zusammenhang mit der These von der Willkürlichkeit der Zeichen im allgemeinen. Aus der Tatsache, daß kein notwendiger Zusammenhang zwischen Zeichen und Bezeichnetem besteht, daß also „theoretisch" auch ein ganz anderer Zusammenhang bestehen könnte, ja daß sogar jedes Zeichen mit jedem Zeichen austauschbar wäre, meint Frege wie manch anderer schließen zu können, daß der Zusammenhang von Zeichen und Bezeichnetem überhaupt willkürlich sei. Auch hier gesteht man aus „praktischen" Gründen zu, daß es untunlich sei, willkürlich den Wortgebrauch zu ändern, jedoch versteht man unter diesen praktischen Gründen wieder nur erkenntnispsychologische, daß man z. B. sonst nicht verstanden würde, etc. Daß hier aber noch mehr dahintersteckt, macht Frege durch seine eigene Argumentation gegen Hilbert deutlich. So wirft er diesem vor, daß er „willkürlich von dem hergebrachten Sinne eines Wortes abweicht und nicht angibt, in welchem Sinne er es gebrauchen wolle".[56] Wenn es nur darum ginge, verstanden zu werden, so wäre es ja jedermanns eigene Sache, dafür etwas zu tun oder zu lassen, und Frege könnte Hilbert getrost seiner „Verwirrung" überlassen. Dadurch, daß Hilbert die Termini „Axiom" und „Definition" beibehält, versichert er sich der Anschlußmöglichkeiten seiner Theorie an bisherige Auffassungen, gibt sie als Explikation dieser aus. Freges wissenschaftstheoretischen Vorstellungen gehen in eine andere Richtung. Seine Idee des Systems ist an Euklid orientiert. Er hält deshalb an der Grundunterscheidung von „Axiom" und „Definition" fest, die bei Hilbert verschwimmt, und beansprucht seinerseits, die richtige Explikation zu vertreten.[57] Beide Wortgebräuche stehen also für unterschiedliche wissenschaftstheoretische Konzepte, die aus Rechtfertigungsgründen nicht auf Anschlußmöglichkeiten verzichten können und wollen. Wegen dieser Anschlußmöglichkeiten kann ein solcher Wortstreit nicht als *bloßer* Wortstreit unter Hinweis auf die Willkürlichkeit der Zeichen beendet werden. Und man sieht, daß diese Willkürlichkeit wirklich nur *so* theoretisch (im schlechten Sinne) ist, daß man sie besser gar nicht betont. Sie ist *zu* theoretisch im Hinblick auf wissenschaftspolitische Praxis.

---

56 *Grundlagen der Geometrie* III 1, p. 301.
57 *Grundlagen der Geometrie* I, p. 321: „Die hier dargelegte Gebrauchsweise der Wörter „Axiom" und „Definition" dürfte die althergebrachte und zugleich die zweckmäßigste sein."

Für denjenigen, der sich dieser vorgreifenden Argumentation noch nicht anschließt — weitere Überlegungen hierzu folgen in Kap. 4 — mag die These von der Willkürlichkeit der Definitionen bei Frege noch auf eine andere, eher immanente Schwierigkeit hin untersucht werden, und zwar betrifft diese Schwierigkeit Freges aus der Willkürlichkeitsthese resultierende Ablehnung des Erkenntniswertes von Definitionen.

In *Über die Grundlagen der Geometrie* trifft Frege eine interessante Unterscheidung von Erläuterungen und Definitionen. Er sagt, daß Erläuterungen nur „der Verständigung der Forscher untereinander" dienen würden, und zwar über das logisch Einfache, so daß jemand, der nur für sich allein forsche, sie nicht brauche.[58] Hierbei scheint Frege die wohl kaum haltbare Unterstellung zu machen, daß man sprachunabhängig durch unmittelbares Einleuchten die Bedeutung der logisch einfachen Zeichen erfassen könne. Da seine sonstigen Äußerungen aber über diesen Verdacht erhaben sein dürften, soll hierauf nicht weiter eingegangen werden. Den Definitionen, und darauf soll es uns hier ankommen, erkennt er dann außer dem Verständigungszweck[59] als „eigentliche Bedeutsamkeit" die Gewährung der „Einsicht" in den „logischen Aufbau aus den Urelementen" zu.[60] Wieso eine solche „Einsicht" keinen „Erkenntniswert" haben soll, ist in keiner Weise einzusehen. Und, um es noch einmal zu betonen, diese Einsicht kommt zustande durch Rekonstruktion und Explikation eines Vorverständnisses. Dem ständigen Hinweis Freges darauf, daß dieses Vorverständnis keinen Eingang in das System fände, ist dann entgegenzuhalten, daß ohne ein solches *Vorverständnis* das ganze System *un*verständlich ist. Damit wäre dann auch die Willkürlichkeitsthese in der von Frege vertretenen Form abzulehnen, da sie nur haltbar ist aufgrund dieses Systembegriffs. Die „Zweckmäßigkeitsgründe", zu denen Frege in *Logik in der Mathematik* Zuflucht nimmt, um die Beibehaltung eines bereits bekannten Zeichens oder Wortes nicht auszuschließen, dürften sich damit endgültig als *Anschluß*gründe erwiesen haben. Damit dürfte auch Freges Trennung von *theoretisch* und *praktisch* problematisch geworden sein. Da Freges Ansichten, teilweise fast wörtlich, bis in die Gegenwart vertreten werden, wird auf diese Fragen weiterhin Bezug genommen. Als nächstes wenden wir uns der formalistischen Variante der Fregeschen Definitionslehre zu, wie sie von W. Dubislav u. a. vertreten wurde.

---

58 *Grundlagen der Geometrie* III 1, p. 301.
59 Loc. cit., p. 302: „Auch sie dienen der gegenseitigen Verständigung".
60 Loc. cit., p. 303.

2.5 Der Logische Empirismus

2.5.1 Dubislav

Der Logische Empirismus, auch „Neopositivismus" genannt, orientiert sich bei seinen Forderungen an das wissenschaftliche Sprechen an der Logik und den mathematischen Naturwissenschaften. Er erklärt, zumindest in seiner Frühphase, daß nur das wissenschaftliche ein sinnvolles Sprechen sei; so z. B. der frühe Wittgenstein. Der Logische Empirismus bediente sich bei seinen Versuchen, eine solche „Wissenschaftssprache" aufzubauen, der von Frege und anderen Logikern entwickelten formalen (mathematischen) Logik, vor allem auch der Fregeschen (von Frege speziell für die Mathematik konzipierten) Definitionstheorie. Hierbei wurde seine Theorie auf andere Gebiete (z. B. Physik) erweitert. Auf diese Weise wollte man alle „exakten" Wissenschaften zu einer Einheitswissenschaft zusammenschließen. Der Logische Empirismus gehört deshalb (in seinem Selbstverständnis) zu jener Gruppe, die das Definitionsproblem als Problem des sprachlichen Aufbaus von Wissenschaft überhaupt betrachtet.

Vor allem W. Dubislav hat mit seinem Buch *Die Definition*[1] versucht, eine allgemeine wissenschaftliche Definitionstheorie zu entwickeln. Er nennt seine Theorie in Absetzung von Freges inhaltlicher Auffassung „formalistisch", weil sie Definitionen als bloße „Substitutionsvorschriften" für Zeichen innerhalb eines Kalküls betrachte und die Interpretation zunächst unberücksichtigt bleibe. Jedes Zeichen müsse sich durch Substitution auf gewisse Grundzeichen zurückführen lassen. Erst bei der Anwendung eines solchen formalen Kalküls auf einen Objektbereich sollen die Zeichen über „Deutungsvorschriften", auch „Zuordnungsdefinitionen"[2] genannt, eine inhaltliche Interpretation erhalten.

Wir hatten gesehen, daß Freges Versuch, das Adäquatheitsproblem zu lösen, zu Schwierigkeiten führt. Diese Schwierigkeiten treten bei dem Vorschlag von Dubislav zunächst nicht auf, denn hier sollen ja nur leere Zeichen betrachtet werden — ein Vorschlag, den Frege übrigens abgelehnt hätte und in anderer Form auch abgelehnt hat[3] —; aber sie entstehen sofort, wenn man

---

1 W. *Dubislav: Die Definition*. 3. Aufl., Leipzig, 1931.
2 So bei H. *Reichenbach: Philosophie der Raum-Zeit-Lehre*. Berlin, Leipzig, 1928, pp. 23 ff.
3 Cf. Freges Auseinandersetzung mit der so genannten „formalen Arithmetik" (hier Anm. 44, p. 47) und mit Hilbert. Dazu auch F. *Kambartel: Formales*

von den Definitionen als Substitutionsvorschriften übergeht zu den Zuordnungsdefinitionen. Beschränkt man sich auf „rein syntaktische Charakterisierung der Definition", so mag man die Definitionen willkürlich nennen, sobald ihnen aber durch die Zuordnungsdefinitionen eine semantische (oder gar ontologische) Fundierung gegeben wird, taucht das Adäquatheitsproblem wieder auf.

Auch Dubislav ist der Ansicht, daß ein bloßer Kalkül ohne Anwendung, d. h. ohne daß man ihm über Zuordnungsdefinitionen eine Anwendung verleiht, wertlos ist. Dann dürfen Zuordnungsdefinitionen jedoch nicht willkürlich sein, wie Dubislav meint. Eine zunächst als willkürliche Festsetzung über leere Zeichen verstandene Definition, wie z. B. '$a \rightarrow b =_{Df} \neg (a \wedge \neg b)$' muß Adäquatheitsbetrachtungen unterworfen werden, sobald man '$a \rightarrow b$' durch 'wenn a so b' und '$\neg (a \wedge \neg b)$' durch 'nicht (a und nicht b)' interpretiert. Der Unterschied zwischen der inhaltlichen Definitionstheorie Freges und der formalistischen Dubislavs besteht im Hinblick auf unsere Fragestellung darin, daß die Rechtfertigung bei Frege unmittelbar und bei Dubislav erst in einem zweiten Schritt zu leisten versucht wird. Gemeinsam ist ihnen die Polarisierung von theoretischer Willkür und praktischem Wert. Ein zusammenfassendes Zitat mag dies belegen:

> „Unsere Überlegungen zeigten, daß die Willkür an zwei wesentlichen Stellen gleichsam ihren Einzug in die wissenschaftlichen Theorien hält. Einmal nämlich treten willkürliche Vereinbarungen in Gestalt von Substitutionsvorschriften über Zeichen auf, die gewissen Forderungen genügen. [...] Zum anderen aber begegnen wir willkürlichen Operationen in Form der Deutungsvorschriften, deren jeder Kalkül bedarf, der uns instand setzen soll, gewisse wirkliche Gebilde hinsichtlich ihres Verhaltens zu erfassen, soweit das überhaupt möglich ist. Eine derartige Deutungsvorschrift besteht nämlich, wie wir ermittelten, aus einer an sich in logischer Hinsicht willkürlichen Angabe, mit welchen der zwischen den zu erforschenden Objekten empirisch aufweisbaren Beziehungen man zunächst die sogenannten Kalkülbeziehungen zu koppeln hat und mit welchen Objekten sodann diejenigen Gebilde des Kalküls zu verketten sind, zwischen denen die genannten Beziehungen obwalten. Diese Deutungsvorschrift eines Kalküls, die an sich willkürlich ist, ist aber naturgemäß für den Wert des Kalküls von außerordentlicher Wichtigkeit, da ja der Kalkül im Hinblick auf die Leistung, die wir von ihm erwarten, nämlich uns die Berechnung der zu erforschenden Objekte zu ermöglichen, völlig von ihr abhängt und auch lediglich als gedeuteter Kalkül auf seine Wahrheit zu prüfen ist."[4]

---

und inhaltliches Sprechen (Frege-Hilbert-Wittgenstein); in: Das Problem der Sprache, hg. v. *H.-G. Gadamer.* München, 1967, pp. 293—312.
4 *W. Dubislav,* loc. cit., pp. 112 f.

Dubislav leugnet zwar nicht, daß es in der wissenschaftlichen Praxis noch andere Definitionsarten gibt. Hierzu zählt er Definitionen, die den faktischen Wortgebrauch in Form von *Behauptungen* feststellen, und „Sacherklärungen", die als ausgezeichnete *Behauptungen* über eine „Sache" verstanden werden könnten, nämlich als Behauptungen, aus denen die wissenschaftlich relevanten Behauptungen über diese Sache folgen. Als eigentliche Definitionen betrachtet Dubislav jedoch nur die als Festsetzungen gemeinten Substitutions- und Deutungsvorschriften. Später hat er noch die „Definitionen durch Induktion" den Substitutionsvorschriften beigeordnet.[5] Der Unterschied besteht darin, daß Definitionen durch Induktion nicht immer dem Kriterium der Eliminierbarkeit genügen. Auf die Behandlung dieser speziellen kalkültheoretischen Fragen wird hier verzichtet. Die Sacherklärungen werden uns als Real- und Wesensdefinitionen in Kap. 5.3 beschäftigen.

Während Dubislav innerhalb des Logischen Empirismus mit seiner Definitionstheorie die theoretischen Grundlagen für den Aufbau einer Wissenschaftssprache legte, hat sich insbesondere Carnap um die Durchführung eines solchen Aufbaus bemüht. Hierbei traten dann weitere Schwierigkeiten auf, die eine Erweiterung der zulässigen Einführungsmethoden von Ausdrücken über Definitionen (im engeren Sinne) hinaus mit sich brachten.

2.5.2 Carnap

Carnap hat zunächst in *Der logische Aufbau der Welt*[6] paradigmatisch zu zeigen versucht, daß sich Begriffssysteme zur Beschreibung der Welt unter ausschließlicher Benutzung der formalen Logik, expliziter Definitionen und Gebrauchsdefinitionen „konstituieren" lassen, und zwar auf der empirisch zu interpretierenden „Basis" von „Grundrelationen" („Grundbegriffen") und „Grundelementen", die in diesen Relationen stehen. Umgekehrt sei für alle wissenschaftlichen (d. h. sinnvollen) Begriffe zu fordern, daß sie entsprechend auf diese Basis reduziert werden können.

Carnap unterschied seinerzeit die expliziten Definitionen von den Gebrauchsdefinitionen folgendermaßen:[7] Erstere verleihen einem Ausdruck eine *selbständige* abgeschlossene Bedeutung (Carnaps Beispiel: „$2 =_{Df} 1 + 1$"), während Gebrauchsdefinitionen dieses nicht leisten können, da sie außer dem

---

5 W. *Dubislav: Bemerkungen zur Definitionslehre.* Erkenntnis III (1932/33) pp. 201–203, p. 203.
6 R. *Carnap: Der logische Aufbau der Welt* (1928). 2. Aufl., Hamburg, 1961.
7 Loc. cit., pp. 51 ff.

Ausdruck, dessen Bedeutung festgelegt werden soll, noch andere Ausdrücke (Zeichen) im Definiendum enthalten. Es lassen sich z. B. Begriffe nur so definieren, daß außer dem Begriffsausdruck (Prädikator) noch ein unbestimmt andeutender Bestandteil, eine freie Gegenstandsvariable, im Definiendum enthalten ist (die dann auch im Definiens vorkommen muß). Hierdurch wird der Tatsache Rechnung getragen, daß Prädikatoren unvollständige Zeichen in dem Sinne sind, daß sie isoliert betrachtet, keine selbständige Bedeutung haben. Diese Erkenntnis geht auf Frege zurück, der von „Ungesättigtheit oder Ergänzungsbedürftigkeit" der Begriffsausdrücke spricht. So läßt sich nach Carnap z. B. der Begriff der Primzahl nicht folgendermaßen definieren: „Eine Primzahl $=_{Df}$ eine Zahl, für die...", sondern so: „x ist eine Primzahl $=_{Df}$ x ist eine natürliche Zahl; x hat nur 1 und x als Teiler" (Beispiel nach Carnap). Erwähnt sei, daß die Unterscheidung von expliziten Definitionen und Gebrauchsdefinitionen im allgemeinen anders getroffen wird. Danach spricht man von einer Gebrauchsdefinition erst dann, wenn im Definiendum *außer* Variablen weitere Zeichen auftreten (ausgenommen sind Hilfszeichen, wie z. B. Klammern). Das klassische Beispiel dieses Verständnisses von Gebrauchsdefinitionen ist die Definition des Kennzeichnungsoperators durch Russell.[8]

Carnap hat die in *Der logische Aufbau der Welt* vertretene Idee der vollständigen Reduktion angesichts der „Dispositionsbegriffe" aufgegeben, wobei sich auch sein Begriff der expliziten Definition im Sinne der heute üblichen Auffassung änderte, indem die Definitionen von Begriffen und Relationen den expliziten Definitionen zugerechnet und diese den bedingten Definitionen gegenübergestellt wurden. Dispositionsbegriffe („in Wasser löslich", „zerbrechlich" etc.) erwiesen sich als durch explizite Definitionen nicht adäquat einführbar, so daß Carnap sich gezwungen sah, auf bedingte Definitio-

---

[8] *A. N. Whitehead* und *B. Russell: Principia Mathematica* (1910—13). 2. Aufl., Cambridge, 1925—27, Bd. I, pp. 66 ff. Näheres zur Behandlung von Kennzeichnungen cf. vom Verf. *Kennzeichnung und Präsupposition*. Linguistische Berichte, Heft 15 (1971), pp. 27—31. Der Terminus „Gebrauchsdefinition" geht auf den Russellschen Ausdruck „definition in use" zurück (*Principia Mathematica*, p. 66). Statt „Gebrauchsdefinition" ist auch „kontextuale Definition" oder „Kontextdefinition" üblich. Nach Russell gibt die Gebrauchsdefinition eines Zeichens an, wie ein Ausdruck (Definiendum), der dieses Zeichen *neben anderen* erhält, in einen Ausdruck (Definiens) umgeformt werden kann, der dieses Zeichen nicht enthält.

nen, deren Zulässigkeit seit Frege umstritten ist, zurückzugreifen.[9] Bedingte Definitionen erlauben im Gegensatz zu expliziten Definitionen die Elimination des definierten Ausdrucks nur in solchen Fällen, in denen die Bedingung erfüllt ist. Die Folge hiervon ist, daß eine generelle Elimination aller Begriffe zugunsten von Beobachtungsbegriffen, wie noch im *Logischen Aufbau* gefordert, nicht möglich ist.

In anderer Hinsicht ging Carnap bereits im *Logischen Aufbau* über den dort gesteckten definitionstheoretischen Rahmen hinaus, indem er strukturelle Kennzeichnungen, die ihrem Charakter nach implizite Definitionen im Sinne Hilberts (d. h. Definitionen durch Postulate)[10] sind, zur Bestimmung der Basis benutzte.[11] Dieses Verfahren hat Carnap neuerdings allgemein für „theoretische Terme" als zulässig und sogar notwendig erklärt. Ihren empirischen Gehalt sollen diese Terme durch „Korrespondenzregeln" erhalten. Im Unterschied zur Dubislavschen Konzeption der Deutungsvorschriften (Zuordnungsdefinitionen) beanspruchen diese Korrespondenzregeln jedoch nur eine partielle Deutung der Theorie, d. h. es erhalten weder alle theoretischen Terme eine empirische Interpretation, noch werden die interpretierten Terme *vollständig* interpretiert. Von den nicht interpretierten Termen nimmt man dabei an, daß sie durch ihren Zusammenhang mit den interpretierten innerhalb eines „theoretical frameworks" eine *indirekte* Interpretation erhalten.[12] Eine hiervon abweichende Auffassung haben z. B. Bridgman und der Operationalismus mit der Theorie der operationalen Definition vertreten.

Für Bridgman[13] ist die operationale Definition das eigentliche Definitionsverfahren von Begriffen. Obwohl er dessen Anwendung nicht auf physika-

---

9 R. *Carnap: Testability and Meaning*. Philosophy of Science III (1936) pp. 419—471, IV (1937) pp. 1—40. Cf. insbes. III, p. 440. Eine ausführliche Behandlung der bedingten Definitionen findet sich bei *W. K. Essler: Wissenschaftstheorie I: Definition und Reduktion*. Freiburg, München, 1970, Kap. V.
10 Carnap selbst gibt die Benutzung solcher „Definitionen", allerdings für einen anderen Zusammenhang, im *Logischen Aufbau der Welt*, 2. Aufl., p. XII zu.
11 Zur Darstellung und Kritik des Verfahrens der strukturellen Kennzeichnung cf. *F. Kambartel: Erfahrung und Struktur*. Frankfurt, 1968, pp. 174 ff.
12 Eine kurze Zusammenfassung bietet *W. Stegmüller: Hauptströmungen der Gegenwartsphilosophie*. 3. Aufl. Stuttgart, 1965, pp. 461—467. Umfassend werden diese Zusammenhänge von Stegmüller diskutiert in: *Probleme und Resultate der Wissenschaftstheorie und Analytischen Philosophie, Bd. II: Theorie und Erfahrung*. Heidelberg, New York, 1970.
13 *P. W. Bridgman: The Logic of Modern Physics*. New York, 1928, pp. 4 ff.

lische Begriffe beschränken will, wird es doch für diese hauptsächlich diskutiert. Bridgman geht davon aus, daß man Begriffe wie „Länge", „Gleichzeitigkeit" usw. versteht, wenn man weiß, welche Operationen man ausführen muß, um eine bestimmte Länge, Gleichzeitigkeit, usw. festzustellen. Im Falle des Begriffs „Länge" sind die Operationen Längenmessungen. Die operationale Definition des Begriffs der Länge besteht nach Bridgman demgemäß in der Angabe dieser Operationen. Er erklärt sogar, daß Begriffe „synonym" seien mit der Menge (set) der ihnen entsprechenden Operationen. Später hat er seine Auffassung geändert und verbessert.[14] Vor allem hat er zwischen einem weiteren und einem engeren Begriff der operationalen Definition unterschieden. Im ersten Fall besteht eine operationale Definition in der Angabe *irgendwelcher* Operationen, z. B. auch rein verbaler, während im zweiten Fall die Operationen solche sind, die sich in der empirischen Wirklichkeit realisieren lassen, wie z. B. Meßoperationen. Ursprünglich fungierte der engere Begriff der operationalen Definition bei Bridgman als Sinnkriterium. Alle Begriffe, die einer operationalen Definition dieser Art nicht zugänglich seien, sollten als sinnlos eliminiert werden. Diese Ansicht gab er jedoch als unhaltbar auf und ließ sogar für die Physik Begriffe zu, die einer solchen Definition noch entbehrten.

Nach der Darstellung der allgemeinen definitionstheoretischen Ansichten Carnaps soll sein Begriff der Explikation untersucht werden. Carnap hat im Gegensatz zu Dubislav neben den Definitionen als Substitutions- und Deutungsvorschriften Explikationen als gesondertes Verfahren der Einführung von Termini anerkannt. Genauer handelt es sich dabei nicht um die Einführung neuer Termini, sondern um die Präzisierung bereits gebrauchter Ausdrücke. Mit der Betrachtung der Explikationen tun wir einen weiteren Schritt in Richtung der Beantwortung von Fragen, die sich im Zusammenhang mit den „analytischen Definitionen", den „Anschlußmöglichkeiten" und den „praktischen Gründen" für die Beibehaltung bekannter Ausdrücke ergeben haben, Fragen nach der Legitimierbarkeit der Definitionen und zum Verhältnis von Definitionen und Interessen.
Carnap hat die immense Bedeutung der Explikationen (für die Wissenschaft) *an*erkannt, indem er sie als „eine der wichtigsten Aufgaben der Philosophie"[15] bezeichnet, ohne vielleicht den Grund hierfür *er*kannt zu haben; zu-

14 Ders.: *Operational Analysis*. Philosophy of Science V (1938) pp. 114—131.
15 *Der logische Aufbau der Welt*, Vorwort zur 2. Aufl (1961) p. IX.

mindest spricht er sich hierüber nicht aus. Vor allem ist ihm die Interessenproblematik, die wir an der Frege-Hilbert-Kontroverse zu verdeutlichen suchten, wohl nicht klar gewesen.[16]

Eine Explikation ist für Carnap[17] die Präzisierung sowohl vorwissenschaftlicher, d. h. alltagssprachlicher Begriffe, als auch einem früheren Stadium der Wissenschaftssprache entstammender Begriffe. Der ursprüngliche Begriff wird „Explikandum" genannt, der präzise Begriff „Explikat". Der Ausdruck „Explikation" wird für den Prozeß und das Ergebnis der Präzisierung verwendet. Das Ergebnis besteht in der Ersetzung des Explikandums durch das Explikat. Falls es verschiedene Bedeutungen des Explikandums gibt, muß nach Carnap vor der eigentlichen Explikation durch *Erläuterungen* bestimmt werden, welche Bedeutung expliziert werden soll. Er ist der Auffassung, daß eine Explikation weder wahr noch falsch, sondern nur mehr oder weniger ad-

---

16 Wichtige Bemerkungen zu Carnaps späterer Definitionslehre im allgemeinen finden sich bei *H. G. Bohnert: Carnap on Definition and Analyticity;* in: The Philosophy of Rudolf Carnap, hg. v. *P. A. Schilpp.* La Salle (Ill.), London, 1963, pp. 407—430. Dort wird betont, daß Carnaps Auffassung aller Definitionen (incl. der „explicative definitions") als reiner Abkürzungen sich auf die Bedeutung (denotation) und nicht notwendig auf Zweck und Verstehen erstreckt (p. 425). Dies scheint mir ein wichtiges Zugeständnis zu sein, obwohl man die notwendigen Konsequenzen dieser Einsicht in der Wissenschaftstheorie des Logischen Empirismus noch weithin vermißt. Hierzu vergleiche man z. B. *W. K. Essler* (loc. cit., pp. 64 f. u. a.), der — in ähnlicher Weise wie Frege — Nominaldefinitionen zunächst als willkürliche Festsetzungen versteht und diese „theoretische Freiheit" nur durch die „praktische Notwendigkeit" des Verständlichmachens einschränkt, ohne zu bedenken, daß darüber hinaus mit Definitionen auch versteckte Rechtfertigungsabsichten (zumindest wissenschaftspolitischer Art) verbunden sein können.
Mit seiner Unterscheidung von Nominal- und Realdefinitionen scheint Essler die von synthetischen und analytischen Definitionen, wie sie hier gemacht wurde, zu meinen. Für Realdefinitionen läßt er jedenfalls Adäquatheitsfragen zu (cf. loc. cit., pp. 93 f.).
Eine klare Absage an die Willkürlichkeitsthese auch für Nominaldefinitionen erteilt *C. G. Hempel: Fundamentals of Concept Formation in Empirical Science.* International Encyclopedia of Unified Science, Bd. II, Nr. 7. Chicago, London, 1952. Nachdruck, 1964, p. 18.
17 Cf. z. B. *R. Carnap* und *W. Stegmüller: Induktive Logik und Wahrscheinlichkeit.* Wien, 1959, pp. 12 ff. — *R. Carnap: Logical Foundations of Probability.* 2. Aufl., Chicago, London, 1962, §§ 2—6. — Ders.: *Meaning and Necessity.* 2. Aufl., Chicago, London, 1956, pp. 7 f. und 234 f.

äquat zu nennen sei. Die Adäquatheit müsse an den folgenden vier Kriterien gemessen werden, die willkürliche Explikationen ausschalten sollen:
1. *Ähnlichkeit* von Explikat und Explikandum. Die Fälle, in denen Explikandum und Explikat verwendet werden können, sollen weitgehend dieselben sein.
2. *Exaktheit.* Die Regeln für die Anwendung des Explikats müssen die Einordnung des Explikats in ein wissenschaftliches Begriffssystem ermöglichen.
3. *Fruchtbarkeit.* Das Explikat muß die Aufstellung möglichst vieler Gesetze und Lehrsätze ermöglichen.
4. *Einfachheit* des Explikats, d. h. Einfachheit sowohl der Bestimmung des fraglichen Begriffs als auch der Gesetze, die mit seiner Hilfe aufgestellt werden.

Das Kriterium der Einfachheit sei nur in dem Maße zur Beurteilung der Adäquatheit einer Explikation heranzuziehen, wie es die wichtigeren Kriterien (1) bis (3) erlauben.

Die ausdrückliche Anerkennung der Relevanz von Explikationen erfolgt bei Carnap erst mit der Einführung des Terminus „Explikation" für ein Verfahren, das er aber bereits in *Der logische Aufbau der Welt* anwendet. Er spricht dort von „rationaler Nachkonstruktion". Aus dem Vorwort zur zweiten Auflage geht hervor, daß er das später so genannte Verfahren der Explikation als dem Verfahren der rationalen Nachkonstruktion entsprechend betrachtet.[18] Es lassen sich also Carnaps Äußerungen über beide Verfahren miteinander vergleichen.

Eine Explikation bzw. rationale Nachkonstruktion darf nicht willkürlich sein, denn sie soll ja etwas *Vorgegebenes* neu fassen. Als Interesse an *jeder* Neufassung kann man bei Carnap ein wissenschaftliches annehmen. Dieses Interesse wird allerdings nicht weiter hinterfragt,[19] sondern es werden lediglich die oben aufgezählten Kriterien (1) — (4) angegeben, von denen (2) — (4) in ihrer Allgemeinheit ohnehin in Carnaps Wissenschaftsbegriff enthalten sind. Das Adäquatheitsproblem wird insbesondere in (1) angesprochen. Vergleicht man Carnaps Begriff der Explikation mit seinem Unternehmen der rationalen Nachkonstruktion (des logischen Aufbaus) der Welt, indem man

---

18 R. *Carnap: Der logische Aufbau der Welt.* Vorwort zur 2. Aufl. (1961) p. IX. Zum Verfahren der rationalen Nachkonstruktion cf. auch W. *Stegmüller: Gedanken über eine mögliche rationale Rekonstruktion von Kants Metaphysik der Erfahrung.* Ratio IX (1967) pp. 1—30, X (1968) pp. 1—31.
19 *Meaning and Necessity,* p. 235 spricht Carnap von „practical justification".

auf Carnaps eigene Äußerungen gestützt davon ausgeht, daß diese Nachkonstruktion explikativ ist, so ergibt sich daraus, daß die Definitionen, durch die der logische Aufbau der Welt geschieht, nicht als willkürliche Festsetzungen aufzufassen sind, und Carnap scheint dies auch nicht anzunehmen. Damit stellt sich die Frage nach ihrer Legitimation. Carnaps Antwort kann man in den Kriterien (1) — (4) sehen. Zum Kriterium (1) ist noch zu bemerken, daß *Der logische Aufbau der Welt* nur eine Vorstufe von (1) angibt, indem gefordert wird, daß das Definiens „ein untrügliches und nie fehlendes Kennzeichen"[20] der Beispiele des Definiendums sein muß. Diese Forderung ist strenger als (1). Beide Kriterien sind extensional; aber (1) läßt die extensionale Verschiedenheit von Explikat und Explikandum begrenzt zu. Intensionale Gleichheit wird nicht gefordert, und so betont Carnap denn auch, daß die Definitionen im *Logischen Aufbau der Welt* nicht beanspruchen, „Begriffserklärungen" zu sein, da sie nicht auf die „wesentlichen Merkmale" hinzielen.[21]
Die Legitimation der Definitionen (Explikationen) bei Carnap geschieht wissenschaftsimmanent, d. h. innerhalb *seines* Begriffs von Wissenschaft, ohne daß der Wissenschaftsbegriff selbst bereits expliziert wäre. Eine solche Explikation wäre aber zirkulär, wollte man sie den bereits einen bestimmten Wissenschaftsbegriff dokumentierenden Kriterien (1) — (4) unterwerfen. Wir haben also Veranlassung, den Carnapschen Explikationsbegriff zu hinterfragen.

---

20 *Der logische Aufbau der Welt*, § 49 (Beispiel) u. § 51.
21 Loc. cit., § 51.

3. Das Problem der Legitimation von Definitionen

3.1 Wittgenstein und die Ordinary Language Philosophy

Wittgenstein, der im *Tractatus logico-philosophicus* noch selbst ein ähnliches Programm wie Carnaps *Logischer Aufbau der Welt* vertreten hatte, war es auch, der auf die Legitimationsschwierigkeiten eines solchen Unternehmens hingewiesen hat. Gemeinsam blieb ihm mit dem Logischen Empirismus die Abneigung gegenüber der Metaphysik. Er glaubte jedoch nicht mehr, deren Verwirrung durch den Aufbau einer wissenschaftlichen Sprache mit exakt definierten Termini begegnen zu können, da nicht einzusehen sei, wie eine solche Sprache als Beurteilungsmaßstab ausgewiesen werden könne. Der späte Wittgenstein und die ihm folgende Ordinary Language Philosophy[1] sind vielmehr der Ansicht, daß die Scheinprobleme der Metaphysik ein Produkt der Abweichung vom richtigen, d. h. „gewöhnlichen" Sprachgebrauch seien und deshalb durch Aufweisen dieses Sprachgebrauchs behoben werden müßten. Definitionen hätten deshalb nicht die Aufgabe, eine „scharfe Begrenzung der Begriffe" zu liefern, wie Frege sagte, oder auf eine andere Weise „exakt" zu sein, sondern die Definition eines Wortes habe dessen richtigen Gebrauch so zu beschreiben, daß jemand, dem diese Beschreibung zugänglich gemacht werde, es ebenfalls richtig zu gebrauchen lerne.

Eine wichtige Modifikation dieser Auffassung ist durch Ryles Unterscheidung von „use" und „usage" eines Wortes beigebracht worden.[2] Ryle versteht unter „usage" den faktischen Gebrauch eines Wortes, der in Wörterbüchern festgehalten werde und Gegenstand der Untersuchung von Linguisten, Soziologen und anderen sei, und unter „use" die Verwendung eines Wortes, die man danach beurteilen könne, ob sie im Hinblick auf die Erreichung eines

---

1 Über die Zusammenhänge informiert K. Lorenz: *Elemente der Sprachkritik — Eine Alternative zum Dogmatismus und Skeptizismus in der Analytischen Philosophie.* Frankfurt, 1970; ferner E. v. Savigny: *Die Philosophie der normalen Sprache.* Frankfurt, 1969.
2 G. *Ryle* und J. N. *Findlay*: Use, Usage and Meaning. Proceedings of the Aristotelian Society, Suppl. XXXV (1961) pp. 223—242.

Zieles richtig sei. Auf diese Unterscheidung gründet Abelson[3] seine Auffassung der Definition: Definitionen hätten es nicht mit dem faktischen Wortgebrauch zu tun, sondern die Regeln anzugeben, nach denen ein Wort verwendet werden müsse, wenn der Zweck der Rede (des Textes), in der (dem) dieses vorkomme, erreicht werden solle. Da es verschiedene Rede- bzw. Textmöglichkeiten mit verschiedenen Zwecken gebe, gebe es auch verschiedene Möglichkeiten, den Gebrauch (use) eines Wortes korrekt zu definieren. Wir werden im Kapitel *Definitionen und Interessen* auf Abelsons Vorschlag noch näher eingehen. Hier wollen wir uns jedoch zunächst mit den Auffassungen des späten Wittgenstein und Austins beschäftigen.

In gewissem Sinne liegt in Wittgensteins Ansicht, daß Philosophie nur den korrekten Gebrauch der Sprache beschreiben solle, eine Absage an Definitionen überhaupt, sofern diese nämlich in der gesamten Tradition bis auf den heutigen Tag gerade die Funktion der „Begrenzung" und „Eingrenzung" eines gewissermaßen naturwüchsigen Sprachgebrauchs wahrnehmen sollten. Trotzdem kann man von Wittgenstein nicht sagen, daß er beschreibend im Sinne einer empirischen Tatsachenbeschreibung verfahre und keinen normativen Anspruch erhebe, vielmehr zielt seine Beschreibung auf die Beseitigung gewisser Redepraktiken. Es hat bisweilen den Anschein, als formuliere Wittgenstein widersprüchlich. So bezeichnet er einerseits die Philosophie als „Kampf gegen die Verhexung unsres Verstandes durch die Mittel unserer Sprache"[4] und betont andererseits: „Die Philosophie darf den tatsächlichen Gebrauch in keiner Weise antasten [...]"[5]. Man muß sich jedoch klarmachen, daß mit dem „tatsächlichen Gebrauch der Sprache" nicht die Gebrauchssprache im Sinne des faktisch vorkommenden Sprachgebrauchs gemeint ist — dies würde den Sprachgebrauch der Metaphysik einschließen —, sondern die Sprache des Alltags, die Umgangssprache etc. So sagt Wittgenstein, nachdem er dem philosophischen (metaphysischen) Wortgebrauch den tatsächlichen gegenübergestellt hat: „*Wir* führen die Wörter von ihrer metaphysischen, wieder auf ihre alltägliche Verwendung zurück."[6] Wittgenstein

---

3 R. Abelson: *An Analysis of the Concept of Definition, and Critique of three Traditional Philosophical Views Concerning its Role in Knowledge.* Diss., New York, 1957. Kurzfassung in: The Encyclopedia of Philosophy, hg. v. P. Edwards. New York, London, 1967, Bd. II, pp. 314—324.
4 *Philosophische Untersuchungen,* § 109.
5 Loc. cit., § 124.
6 Loc. cit., § 116.

ist sich auch bewußt, daß es bei diesem Unternehmen nicht ohne Unterscheidungen geht. Hierdurch solle aber nicht die Sprache, d. h. die Alltagssprache, reformiert werden, indem sie um subtile philosophische Unterscheidungen bereichert werde, sondern die philosophischen Probleme sollen verschwinden,[7] und dazu bedürfe es, so scheint Wittgenstein anzunehmen, keiner eigens aufgestellten Terminologie, die die philosophischen Probleme auf der Metastufe lediglich perpetuieren würde, sondern nur der *Hervorhebung* bereits vorhandener Unterscheidungen der Alltagssprache.[8] Es gibt für Wittgenstein keine „Philosophie zweiter Ordnung".[9] Deshalb lehnt er es ab, seinen normativen Anspruch auf der Grundlage von definitorischen Sprachnormierungen einzulösen. Sein eigenes metasprachliches Vokabular, mit dem er seinen Gegenstandsbereich, den richtigen Sprachgebrauch beschreibt, soll — und das ist von seinem Standpunkt aus konsequent — den gleichen als hinreichend erachteten Genauigkeitsgrad haben, wie der Gegenstandsbereich selbst, einen Genauigkeitsgrad nämlich, der sich lediglich auf „Familienähnlichkeiten"[10] gründet. So beschreiben die von ihm aufgeführten Sprachspiele das Funktionieren der Alltagssprache, und der Terminus „Sprachspiel" selbst wird exemplarisch eingeführt durch das Beschreiben der Sprachspiele. Diesen Terminus durch eine Definition zu bestimmen, die das Gemeinsame aller Sprachspiele anzugeben hätte, dagegen verwahrt sich Wittgenstein ausdrücklich.[11] Er vermeidet Exaktheit systematisch, weil sie keinen Beitrag zur Lösung seiner Fragen beibringe. Statt Definitionen aufzustellen, beschränkt sich Wittgenstein auf die Angabe von Beispielen. Die Beispiele bekommen damit eine zentrale Rolle für die Philosophie Wittgensteins. Den Vorwurf, daß der Verzicht auf Definitionen uns in der „Unwissenheit" belasse, weist Wittgenstein von sich[12] und damit auch die sokratische Tradition der Definitionslehre, die mit der Suche nach Definitionen Unwissenheit zu überwinden trachtet: „Das Exemplifizieren ist hier nicht ein *indirektes* Mittel der Erklärung, — in Ermanglung eines Bessern. Denn, mißverstanden kann auch jede allgemeine Erklärung werden."[13]

---

7 Loc. cit., § 133.
8 Loc. cit., § 132.
9 Loc. cit., § 121.
10 Loc. cit., § 67.
11 Loc. cit., §§ 65 ff.
12 Loc. cit., § 69.
13 Loc. cit., § 71.

Wir werden, mit dem nächsten Kapitel beginnend, die Rolle der Beispiele eingehend behandeln und dabei auch eine Rekonstruktion des Begriffspaares „klar und deutlich" vornehmen. Vorgreifend auf diese Unterscheidung läßt sich Wittgensteins Ansicht dahingehend formulieren, daß die Forderung nach deutlichen Unterscheidungen abzulehnen ist, daß man vielmehr auf klare Unterscheidungen, die die Alltagssprache bereitstelle, zurückgreifen müsse.

Im Gegensatz zu Wittgenstein ist Austin nicht der Meinung, daß man philosophische Fragen sozusagen aussterben lassen soll und es deshalb tunlichst zu vermeiden sei, ihr durch die Schaffung neuer Terminologien weiteren Stoff zu liefern. Deshalb scheut er sich nicht, neue Unterscheidungen, die er sogar mit Vorliebe durch Verwendung von *termini technici* markiert, einzuführen. Allerdings kann man auch bei ihm nicht davon sprechen, daß mit seinen Unterscheidungen strenge Begrenzungen im Sinne der traditionellen Definitionslehre vorgenommen werden, ganz im Gegenteil: Die Unterscheidung z. B. zwischen konstatierenden und performativen Äußerungen wird bei ihm zunächst an Beispielen und Gegenbeispielen verständlich gemacht und anschließend quasi zurückgenommen, indem „Überlappungen", Verwandtschaften und Parallelen aufgezeigt werden.[14] Trotzdem ist diese anfängliche Unterscheidung („initial distinction")[15] damit nicht etwa überflüssig geworden. Dies wäre sie nur, wenn man von vornherein den Anspruch der Exaktheit an sie stellen wollte. Man wird sie verwenden dürfen, muß sie aber mit Kautelen versehen. Man kann auch erwägen, sie anders oder neu zu formulieren, wie es Austin selbst getan hat, indem er sie in seine Unterscheidung lokutionärer, illokutionärer und perlokutionärer Kraft von Äußerungen hat aufgehen lassen.[16]

Austin hegt ein tiefes Mißtrauen gegenüber vorschneller und unkontrollierter Einführung neuer, von der „ordinary language" abweichender Unterscheidungen, die Möglichkeit neuer Unterscheidungen sieht er aber ausdrücklich

---

14 *J. L. Austin: How to do Things with Words.* Oxford, 1962; ders.: *Performative – Constative;* in: The Philosophy of Language, hg. v. *J. R. Searle.* Oxford, 1971, pp. 13—22 (engl. Übers. des zuerst franz. erschienenen Aufsatzes). Dt. Übers. in: Sprache und Analysis, hg. v. *R. Bubner.* Göttingen, 1968, pp. 140—153.
15 *How to do Things with Words,* p. 120.
16 Cf. insb. loc. cit., pp. 147 ff.

vor.[17] Dies ergibt sich schon daraus, daß er es vom historischen Standpunkt aus als notwendig betrachtet, einen höheren Grad an Präzision und Explizitheit von Sprachäußerungen zu erreichen.[18] Allerdings müsse man zunächst darauf achten und dürfe nicht darüber hinweggehen, was die Alltagssprache von sich aus schon an Unterscheidungen bereitstelle.[19]

In neuerer Zeit haben J. R. Searle[20] u. a. es unternommen, die subtilen, bisweilen vielleicht *zu* subtilen, Untersuchungen und das reiche Beispielmaterial Austins, systematischen philosophischen Fragestellungen zugänglich zu machen. Hierbei entsteht allerdings ein für die Ordinary Language Philosophy charakteristisches Problem. Solange sie die Alltagssprache untersucht, ohne philosophische Überlegungen darauf zu gründen, mag es angehen, daß ihr Verfahren lediglich ein Beschreiben ist. Dies setzt letztlich voraus, daß jeder Sprachgebrauch, sofern er nicht gestört ist, beschrieben wird. Austins *How to do Things with Words* ist vielleicht ein Beispiel dafür; sobald man aber versucht, aus solchen Untersuchungen Antworten auf philosophische Fragen zu bekommen, zeigt sich, daß man um eine Wertung – im Sinne von Abwägung – der verschiedenen, oft stark voneinander abweichenden Sprachgebräuche, nicht herumkommt. Deshalb geht man dann dazu über, primären von sekundärem Sprachgebrauch zu unterscheiden und einen Hauptgebrauch auszuzeichnen.[21] Hierbei besteht die Gefahr, nicht zu bemerken, daß man sich bereits im Rahmen von Explikationen bewegt, d. h. Normierungen vornimmt. Normierungen müssen aber legitimiert werden. Wird jedoch weiter im Bewußtsein gearbeitet, daß man beschreibe, so unterbleiben diese Legitimierungen. Im Grunde läßt sich gegen ein solches Verfahren derselbe Vorwurf erheben, den die Ordinary Language Philosophy gegen den Wiener Kreis und die idealsprachlich ausgerichtete analytische Philosophie meinte erheben zu können, nämlich (entsprechend umformuliert), daß die

---

17 Cf. dazu auch *Symposium on J. L. Austin,* hg. v. *K. T. Fann.* London, 1969, insb. (pp. 33–48) den Beitrag von *St. Hampshire* und die Bemerkungen von *J. O. Urmson* und *G. J. Warnock* dazu.
18 *How to do Things with Words,* pp. 71 ff.
19 Loc. cit., p. 122.
20 *J. R. Searle: Speech Acts.* Cambridge, 1969. Ders.: *What is a Speech Act?* (1965). Nachdruck in: The Philosophy of Language, hg. v. *J. R. Searle.* Oxford, 1971, pp. 39–53.
21 Hierauf hat z. B. *E. v. Savigny: Die Philosophie der normalen Sprache* (Frankfurt, 1969) mit reichem Beispielmaterial kritisch hingewiesen. Cf. insb. pp. 432 ff.

Idealisierung auf einen Hauptgebrauch hin, nicht legitimiert werden könne.

Diese Ausführungen dürfen nun nicht dahingehend mißverstanden werden, daß einer Rückkehr zur „Mannigfaltigkeit des Gegebenen" das Wort geredet werden solle, sondern sie sollen zum Anlaß genommen werden, Normierungen — in unserem Fall Definitionen — als solche *bewußt* zu vollziehen. Wenn z. B. Searle erklärt, daß ein Versprechen definitionsgemäß ein Akt sei, der einen selbst einer Verpflichtung unterwerfe,[22] so kann man dem nur zustimmen, allerdings muß man sich auch über den Status dieser Definition klar sein. Hierbei handelt es sich nämlich nicht allein um die Beschreibung eines Sprachgebrauchs (Searle selbst gibt Verwendungen von „versprechen" an, die mit dieser Definition nicht übereinstimmen), sondern um eine Normierung, daß dieses Wort, bzw. seine Verwendung in einem Sprechakt, in dieser Weise verstanden werden solle.

3.2 Lorenzen und die Methodische Philosophie

Einen neuerlichen Vorschlag zum Definitionsproblem haben W. Kamlah und P. Lorenzen (in der *Logischen Propädeutik*[1]) und weitere Vertreter der häufig so genannten „Methodischen Philosophie" als Vermittlungsversuch zwischen dem Logischen Empirismus und der Ordinary Language Philosophy gemacht. Dieser Vorschlag hat mit Carnap und dem Logischen Empirismus gemeinsam die Betrachtung des Definitionsproblems als Problem des systematischen Aufbaus einer wissenschaftlichen Terminologie. Jedoch soll dieser Aufbau allererst durch die Fundierung des „vernünftigen Redens" ermöglicht werden. Es soll 1. eine Begründung dafür erbracht werden, *daß* begründetes Reden *möglich* ist und 2. dafür, *wie* ein solches Reden beschaffen sein muß. Exemplarisch wird eine Terminologie vorgeführt, deren sich die Untersuchung von der Gebrauchssprache ausgehend schrittweise selbst bedient und deren Regeln sie sich selbst unterwirft, wobei das Ziel des terminologischen Aufbaus die unter 1. und 2. genannten Begrün-

---

22 *J. R. Searle: Speech Acts*, p. 178: „[...] promising is, by definition, an act of placing oneself under an obligation."

1 *W. Kamlah* und *P. Lorenzen: Logische Propädeutik — oder Vorschule des vernünftigen Redens*. Revidierte Ausg., Mannheim, 1967. Abk.: *Logische Propädeutik*. Wenn im folgenden von „logischer Propädeutik" die Rede ist, so ist damit das *Programm* des gleichnamigen Buches gemeint.

dungen sind. Die Einzelwissenschaften werden aufgefordert, in derselben Weise begründend zu verfahren, wie es in der Untersuchung selbst geschehen ist und begründet wurde, sofern sie den Charakter von Wissenschaft überhaupt beanspruchen wollen. Vom frühen Carnap unterscheidet sich diese Auffassung gemeinsam mit der Ordinary Language Philosophy dadurch, daß sie keinen *expliziten* Versuch unternimmt, alle Begriffe auf „Gegebenes" zurückzuführen. Vielmehr betont sie, daß der Rückgriff auf bereits verwendete Prädikatoren der Gebrauchssprache für den Aufbau einer wissenschaftlichen Terminologie unverzichtbar sei, und diese Sprachschicht nicht in Richtung auf „Sprachlosigkeit", sondern nur insofern „hintergehbar" sei, als man — sie verwendend — Unterscheidungen sichern könne, die ihrerseits von der getroffenen Wort*wahl* als unabhängig einsichtig gemacht werden können. Im Unterschied zum späten Carnap will man eine Terminologie nicht als „theoretical framework" vorgegeben sein lassen, das seine Bedeutung erst durch nachträgliche Interpretation erhält; vielmehr müsse die Terminologie schrittweise aufgebaut werden, wobei die einzelnen Schritte in einer *inhaltlich* verständlichen Weise durchzuführen seien. Umgekehrt habe man sich zu vergewissern, daß die getroffenen Unterscheidungen notfalls (d. h. auf Verlangen) bis auf die Angabe von Beispielen und Gegenbeispielen zurückgeführt werden können. Im einzelnen werden in der *Logischen Propädeutik* folgende methodische Verfahren unterschieden:

1. Exemplarische Bestimmungen
Das sind Einführungen von Prädikatoren durch Beispiele und Gegenbeispiele $(x \, \varepsilon \, P; \, x \, \varepsilon \, 'P)$

2. Terminologische Bestimmungen
A) Prädikatorenregeln $(x \, \varepsilon \, P \Rightarrow x \, \varepsilon \, Q)$
B) Definitionen $(x \, \varepsilon \, P \leftrightharpoons A \, (x))$

$'x \, \varepsilon \, P'$ deutet eine Prädikation unbestimmt an, $'A \, (x)'$ deutet einen prädikativen Ausdruck unbestimmt an. Ein prädikativer Ausdruck darf logisch (mit Hilfe von Junktoren und Quantoren) zusammengesetzt sein. Aus der *Logischen Propädeutik* ist nicht eindeutig zu entnehmen, ob Regeln der Form $'x \, \varepsilon \, P \Rightarrow A \, (x)'$ oder $'x \, \varepsilon \, P \Leftrightarrow A \, (x)'$ als Prädikatorenregeln betrachtet werden. Einen eigenen Terminus haben sie jedenfalls nicht.

In $'x \, \varepsilon \, P \Leftrightarrow A \, (x)'$ sind die Regeln $'x \, \varepsilon \, P \Rightarrow A \, (x)'$ und $'A \, (x) \Rightarrow x \, \varepsilon \, P'$ in eine Regel zusammengefaßt. „... $\Rightarrow$ ..." ist zu lesen: „Es ist erlaubt überzugehen von ... zu ...".
„... $\leftrightharpoons$ ..." ist zu lesen: „... genau dann, wenn ...".

Außerdem ist das Verfahren der Abstraktion zu nennen. Eine Abstraktion wird vollzogen, indem ausgehend von einem Gegenstandsbereich (konkreter oder bereits selbst abstrakter Gegenstände), für den eine Äquivalenzrelation definiert ist, die Betrachtung von Äußerungen über den Gegenstandsbereich eingeschränkt wird auf solche Äußerungen, die bezüglich der definierten Äquivalenzrelation invariant sind. Durch Abstraktionen werden „Abstraktoren" eingeführt, wie z. B. „Begriff", „Klasse", „Sachverhalt" etc. Die Abstraktion wird in den folgenden Überlegungen keine Rolle spielen, so daß sich eine genauere Betrachtung erübrigt.[2] Weitere in der *Logischen Propädeutik* erwähnte Verfahren sind nicht von systematischer Bedeutung.[3] Jedenfalls scheinen exemplarische Bestimmungen, terminologische Bestimmungen und Abstraktionen für ausreichend gehalten zu werden, eine wissenschaftliche Terminologie (im allgemeinen) aufzubauen. Die Einschränkung, die durch das „im allgemeinen" zum Ausdruck gebracht wird, besteht darin, daß nach Auffassung von Lorenzen für spezielle Wissenschaften, z. B. die Arithmetik und Geometrie, zusätzliche „Redenormen" benötigt werden, die die Gegenstände dieser Wissenschaften allererst „konstituieren".[4] Hier ist z. B. die induktive Definition[5] der natürlichen Zahlen in der Arithmetik zu nennen. Diese Redenormen werden von ihm als „synthetische Bestimmungen" von den „analytischen Bestimmungen", das sind Prädikatorenregeln („material-analytische Bestimmungen") und Definitionen („formal-analytische Bestimmungen"), unterschieden. Zusammen machen sie die „apriorischen Bestimmungen" aus. Eine Untersuchung über die Berechtigung der Unterscheidung beider Arten von „apriorischen Bestimmungen" würde in die Grundlagenproblematik der Mathematik führen und über den Streit zwischen Konstruktivisten, Formalisten und auch Empiristen in diesen Fragen entscheiden müssen, wozu wir uns hier nicht in der Lage sehen. Statt dessen können wir aber diese Unterscheidungen zum Ausgangspunkt einer anderen Fragestellung machen, nämlich nach dem Erkenntniswert der „analytischen Bestimmungen".

Wir haben bisher das Wort „Definition" nicht für einen bestimmten Gebrauch reserviert. Dies empfahl sich schon deshalb nicht, weil es uns um eine

---

2 Genauer cf. hierzu: *H. Schneider: Historische und systematische Untersuchungen zur Abstraktion.* Diss., Erlangen, 1970; ferner: *Logische Propädeutik*, insb. Kap. III, §§ 4 u. 7.
3 Z. B. „Worterklärung" im Sinne der lexikalischen Definition (*Logische Propädeutik*, p. 80) und „Explikation" (loc. cit., p. 118; cf. hier p. 110).
4 *Logische Propädeutik*, p. 233.
5 Loc. cit., pp. 224 f.

kritische Sichtung der Äußerungen im Umkreis der Willkürlichkeitsthese ging und bei einer vorzeitigen Normierung des Sprachgebrauchs von „Definition" gerade die Frage, was es mit Normierungen *durch* Definitionen auf sich hat, vorab entschieden sein könnte. Hier gilt es besonders vorsichtig zu sein, obwohl der Verdacht auf zirkuläre Argumentation trotzdem immer im Hintergrund stehen mag. Jedenfalls kann eine Untersuchung der vorliegenden Art über die Definition nicht damit beginnen, erst einmal zu definieren oder zu normieren, was man unter „Definition" verstehen wolle, da insbesondere geprüft werden soll, welches *Zugeständnis* man mit der Übernahme einer Definition schon gemacht hat, eine Definition von Definition diese Prüfung aber gleichsam überspringen würde. Man könnte dies auch so ausdrücken, daß an dieser Stelle noch nicht dem transzendentalphilosophischen Argument stattgegeben werden kann, daß die Bedingungen der Möglichkeit „vernünftigen Redens"[6] Normierungen des Sprachgebrauchs sind, weil nach den Bedingungen der Möglichkeit solcher Normierungen selbst zu fragen ist. D. h. unser Vorgehen ist zunächst Ausdruck von Skepsis. Der Hinweis hierauf dürfte deshalb notwendig sein, weil gerade seitens der Methodischen Philosophie am ehesten ein Vorwurf der genannten Art vermutet werden könnte. Wir werden also weiterhin so verfahren, daß wir „Definition" einerseits „offen" im Sinne eines an allen möglichen faktischen Verwendungen orientierten Vorverständnisses verwenden, andererseits bei der Erörterung einer bestimmten faktischen Auffassung in deren jeweiligem Sinne.

Wir wollen nun der schon angedeuteten Frage nachgehen, welchen Erkenntniswert die „analytischen Bestimmungen" im Selbstverständnis derer haben, die diesen Terminus verwenden und wieweit dieses Selbstverständnis berechtigt ist, d. h. ob es eventuell zu Schwierigkeiten führt etc. Wir fragen zunächst, welcher Art die Bestimmung von „analytische Bestimmung" selbst ist und wenden damit die in Sachen „Definition" erläuterte Zirkelproblematik auf den vorliegenden Fall an.

Die Betrachtung der Bestimmung gerade von „analytische Bestimmung" ist deshalb interessant, weil von Lorenzen über die analytischen Bestimmungen die sonst auch für Definitionen im allgemeinen Sinne charakteristische Bemerkung gemacht wird, daß ihre Verwendung „unsere Aussagemöglichkeiten

---

[6] Cf. den Untertitel der *Logischen Propädeutik:* „Vorschule des vernünftigen Redens".

nicht erweitert (allenfalls nur zweckmäßig abkürzt)"[7]. Um mit der Bestimmung von „analytische Bestimmung" weiterzukommen, ist es angebracht, die beiden Arten der analytischen Bestimmungen näher zu untersuchen, denn von einer dieser beiden Arten muß auch die Bestimmung von „analytische Bestimmung" sein, da sie nach der obigen Charakteristik nicht synthetisch sein kann und die Einteilung der apriorischen Bestimmungen in analytische und synthetische als vollständig angesehen wird.[8] Als weitere Normen des Redens werden ansonsten nur noch die logischen Regeln angeboten. Die Abstraktion kommt hier ebenfalls nicht als Einführungsverfahren in Frage. Damit bleiben dann nur noch die Definitionen und Prädikatorenregeln übrig. Definitionen werden dadurch von den Prädikatorenregeln unterschieden, daß der Prädikator $'P'$ des Definiendums ($'x \varepsilon P'$ in $'x \varepsilon P \rightleftharpoons A(x)'$) ein „bisher nicht gebrauchter Prädikator"[9] sein muß, während die Prädikatoren innerhalb einer Prädikatorenregel bereits *exemplarisch bestimmt* sein müssen.[10] Besonders wichtig ist es deshalb nach Lorenzen auch, zwischen Definitionen und Regeln der Form $'x \varepsilon P \Leftrightarrow A(x)'$ zu unterscheiden, wobei P als exemplarisch bestimmt zu gelten hat.[11]

Für eine präzise Unterscheidung von $'x \varepsilon P \rightleftharpoons A(x)'$ und $'x \varepsilon P \Leftrightarrow A(x)'$ wäre außerdem noch eine Erläuterung notwendig gewesen zu der Bemerkung, daß P bei Definitionen ein *bisher nicht gebrauchter* Prädikator sein müsse. Dies kann nämlich in zweierlei Weise verstanden werden:

1. P darf kein im bisherigen *terminologischen Aufbau* schon gebrauchter Prädikator ($\neq$ genannter Prädikator) sein.

2. P darf kein Prädikator der bisherigen *Gebrauchssprache* sein, d. h. muß ein vollständig neues Wort sein, wobei dies im Extremfalle heißen könnte, daß es in keinem Wörterbuch *bisher* verzeichnet sein dürfte.

Wieso wir gerade an dieser Stelle einhalten, mag zunächst rückblickend durch den Hinweis darauf erläutert werden, daß die Unterscheidung von Definitionen und Doppelpfeilregeln der Unterscheidung von synthetischen und analytischen Definitionen bei Frege entspricht, wobei auch Frege den Termi-

---

7 Loc. cit., p. 233.
8 Cf. ibid. die „Pyramide".
9 Loc. cit., p. 217.
10 Loc. cit., p. 215; ferner: P. Lorenzen: *Methodisches Denken*. Frankfurt, 1968, p. 34.
11 *Logische Propädeutik*, p. 217. In *Methodisches Denken*, p. 40 unterscheidet Lorenzen die Doppelpfeilregeln noch nicht so ausdrücklich von den Definitionen.

nus „Definition" für die synthetischen als die „eigentlichen Definitionen" reserviert haben möchte. „Eigentliche Definition" bei Frege entspricht „Definition" bei Lorenzen. Um Mißverständnisse zu vermeiden, sei noch angemerkt, daß Lorenzen an anderer Stelle eine Unterscheidung von analytischen und synthetischen Definitionen einführt, die hier nicht mitgemeint sein soll, eine Unterscheidung nämlich, die etwas den analytischen und synthetischen Erkenntnissen im Sinne Kants Entsprechendes intendiert.[12]
Frege hatte die Schwierigkeit erkannt, die sich bei mangelnder Unterscheidung von (1) und (2) ergeben und sich in *Logik in der Mathematik* für die Interpretation (2) entschieden; sich dann aber durch einen umstrittenen Kunstgriff auch des Anschlusses an die Gebrauchssprache versichert. Mit dieser Bemerkung sei in Erinnerung gebracht, daß wir uns weiterhin im Umkreis der Adäquatheitsproblematik befinden, die es notwendig macht, die Unterscheidung von Definitionen und Doppelpfeilregeln zu erörtern.

K. Lorenz weist, ähnlich wie Lorenzen, auf diese Unterscheidung hin. Hierbei verwendet er für die Doppelpfeilregeln den Ausdruck „,definitorische' Prädikatorenregel"[13] und nennt die Definitionen „echte Definitionen":

> „Von echten Definitionen sollte erst dann gesprochen werden, wenn ein bisher nicht verwendeter sprachlicher Ausdruck zur *Abkürzung* für einen bereits eingeführten meist komplexen Ausdruck verwendet wird."[14]

---

12 *Methodisches Denken,* pp. 40 u. 45. Dem entspricht in der Terminologie der *Logischen Propädeutik* die Unterscheidung von analytischen und synthetischen *Bestimmungen.*
Kant selbst unterscheidet analytische und synthetische Definitionen im von uns verwendeten Sinne *(Logik Jäsche.* Akad. Ausg., Bd. IX, p. 141). So auch *M. W. Drobisch: Neue Darstellung der Logik.* 5. Aufl., Hamburg, Leipzig, 1887, p. 138. *H. Rickert: Zur Lehre von der Definition.* 3. Aufl., Tübingen, 1929, pp. 45 ff. trifft eine ähnliche Unterscheidung, kehrt aber die Beziehung zwischen analytischen und synthetischen Definitionen um, indem er analytische Definitionen nur nach *vorangegangenen* synthetischen Definitionen zulassen will (p. 47).
In neuerer Zeit hat sich *L. Borkowski* mit dem Verhältnis von analytischen und synthetischen Definitionen beschäftigt *(Über analytische und synthetische Definitionen.* Studia Logica IV (1956) pp. 7–61). Seine Ausführungen stimmen weitgehend mit den Ansichten Freges überein. Er schreibt allerdings den synthetischen Definitionen über den Zweck der Abkürzung hinaus eine wichtige Rolle im „Erkenntnisprozeß" zu (pp. 47 ff.) und vermeidet deshalb auch die irreführende Rede von der Willkürlichkeit (cf. p. 59).
13 *K. Lorenz: Elemente der Sprachkritik.* Frankfurt, 1970, p. 195.
14 Ibid., Anm. 1.

Das von ihm in diesem Zusammenhang gewählte Beispiel legt es nahe, daß er wie Frege den Unterschied im Sinne der weitergehenden Interpretation (2) macht. Er sagt nämlich von der Regel 'hellhäutig; Mensch ⇔ Weißer' (das ist: $x \, \varepsilon$ hellhäutig $\wedge$ $x \, \varepsilon$ Mensch ⇔ $x \, \varepsilon$ Weißer), daß sie nicht als Definition verstanden werden dürfe, weil für sie nicht die oben zitierte Bedingung gelten würde. Da das genannte Beispiel bei Lorenz nicht dem Aufbau der Terminologie in dem Sinne dient, daß „Weißer" als Terminus dieser Terminologie eingeführt werden soll, sondern selbst wiederum nur ein *Beispiel für* eine Prädikatorenregel ist, so kann hier „bisher nicht verwendeter sprachlicher Ausdruck" nur heißen „kein Ausdruck der (bisherigen) Gebrauchssprache".

An anderer Stelle in der *Logischen Propädeutik*[15] (hier ist der Verfasser *Kamlah*, nicht *Lorenzen*) wird ebenfalls auf den Unterschied von Doppelpfeilregeln und Definitionen hingewiesen, doch auch hier liegt keine eindeutige Bestimmung vor. Kamlah spricht sogar von „Definitionen, in denen Prädikatorenregeln [...] zusammengesetzt werden".[16] Er erläutert dies am Beispiel der Definition von „Terminus", wobei er die Definition 'Terminus ⇋ explizit vereinbarter Prädikator' als zusammengesetzt betrachtet aus
'$x \, \varepsilon$ Terminus ⇒ $x \, \varepsilon$ Prädikator' und
'$x \, \varepsilon$ Terminus ⇒ $x \, \varepsilon$ explizit vereinbart',
was zunächst die folgende zulässige Prädikatorenregel ergibt:
'$x \, \varepsilon$ Terminus ⇒ $x \, \varepsilon$ Prädikator $\wedge$ $x \, \varepsilon$ explizit vereinbart'
und dann unter der Voraussetzung, daß die Zusammensetzung aus Prädikatorenregeln als abgeschlossen betrachtet werden darf, d. h. „Terminus" durch diese Prädikatorenregel als unzweideutig bestimmt gelten darf, auch die Umkehrung zuläßt und damit die Doppelpfeilregel
'$x \, \varepsilon$ Terminus ⇔ $x \, \varepsilon$ Prädikator $\wedge$ $x \, \varepsilon$ explizit vereinbart'.
Bei Kamlah heißt es dann weiter:
> „Schreiben wir diese Regel in der üblichen Weise als Definition, so verwenden wir das Zeichen ⇋:
> Terminus ⇋ explizit vereinbarter Prädikator. Man pflegt mit Recht zu sagen, eine derartige Definition stelle eine bloße Abkürzung dar".[17]

Damit wird der Unterschied zwischen Doppelpfeilregeln und Definitionen wieder aufgehoben. Besonders gravierend ist, daß auf diesem Wege auch die Rede von der „bloßen Abkürzung" erneut auftritt.

---

15 *Logische Propädeutik*, Kap. III, § 2.
16 Loc. cit., p. 79.
17 Loc. cit., p. 78.

Wenn wir von dieser Unstimmigkeit einmal absehen und unabhängig davon die Frage untersuchen, welchen Sinn die Rede von „bisher nicht gebraucht" haben könnte, so lassen sich folgende Betrachtungen anstellen:
1. Im Sinne der Forderung, daß das Definiendum einer Definition kein Ausdruck der bisherigen Gebrauchssprache sein darf, kann „Terminus" nicht definiert werden, da es ein solcher Ausdruck ist.
2. Das Aufstellen von Prädikatorenregeln für „Terminus" verlangt Beispiele für „Terminus". Diese wären zwar nach dem Aufbau der *Logischen Propädeutik* bis zur zitierten Stelle (p. 78) vorhanden, werden aber nicht benutzt zur exemplarischen Bestimmung von „Terminus". Da dies nachholbar ist, gelingt das Aufstellen der Regel '$x \, \varepsilon$ Terminus $\Leftrightarrow x \, \varepsilon$ Prädikator $\wedge \, x \, \varepsilon$ explizit vereinbart'.
3. Will man „Terminus" (und nun im Sinne der Forderung, daß ein Ausdruck vor der Definition noch nicht exemplarisch bestimmt sein darf im terminologischen Aufbau) definieren, so muß auf das Aufstellen von Prädikatorenregeln verzichtet werden (hierfür wäre ja die exemplarische Bestimmung notwendig) und der Terminus „Terminus" unmittelbar eingeführt werden. Allgemein wäre zu fordern, daß innerhalb eines terminologischen Aufbaus die Definition eines Prädikators nicht mehr möglich sein soll, sobald (mindestens) eine Prädikatorenregel mit dem Prädikator aufgestellt wird.
Wenn durch die letztgenannte Forderung die Intentionen der Unterscheidung von „$\Leftrightarrow$" und „$\rightleftharpoons$" als rekonstruiert betrachtet werden dürfen, so läßt sich gleich die Frage anschließen, wie man sich für eine der beiden Möglichkeiten entscheiden kann, wenn beide offenstehen. Unter der Voraussetzung nämlich, daß die Interpretation von „bisher nicht gebraucht" im Sinne von „kein Ausdruck der Gebrauchssprache" in der *Logischen Propädeutik* ausgeschlossen wird, kann, wie am Beispiel von „Terminus" ersichtlich, in gewissen Fällen sowohl eine exemplarische Bestimmung mit anschließender terminologischer Bestimmung durch eine Doppelpfeilregel erfolgen, als auch eine terminologische Bestimmung durch eine Definition. In diese Schwierigkeit kommt man freilich nur, wenn man die obige Voraussetzung macht. Macht man sie allerdings nicht, so gibt es in der *Logischen Propädeutik* weder eine einzige Definition noch adäquate Beispiele für Definitionen.
Die von Lorenzen als Beispiel für eine Definition verwendete Definition des Prädikators „Vater"[18] ist auch noch in anderer Hinsicht ein inadäquates Bei-

---

18 Loc. cit., p. 217.

spiel, da „Vater" ein Prädikator nicht nur der Gebrauchssprache ist, sondern sogar der Umgangssprache, des von Bildungssprache freien Teils der Gebrauchssprache.[19] Von Prädikatoren der Umgangssprache scheint zumindest Kamlah anzunehmen (er verwendet als Beispiel „Mensch"), daß sie bereits durch implizite Prädikatorenregeln in ihrem Gebrauch so hinreichend bestimmt sind, daß die Auffassung, man könne einen solchen Prädikator durch eine Definition einführen, nur eine „Selbsttäuschung" wäre.[20]
Wir sprachen im Rahmen unserer Rekonstruktion von den beiden Möglichkeiten der Bestimmung von „Terminus". Dagegen meint Kamlah ausdrücklich, daß im Falle von „Terminus" nur eine Definition möglich sei, weil man sich nicht „auf vorgefundene Exempel" berufen könne. Von den in der traditionellen Wissenschaftssprache so genannten „Termini" wisse man noch nicht, ob man sie als solche akzeptieren könne. Hier scheint Kamlah aber vergessen zu haben, daß er in seinem Aufbau bereits Termini, die in seinem Sinne diesen Namen verdienen, tatsächlich eingeführt hat, auch wenn er sie noch nicht unter diesem Namen anders als „vorgreifend" vorgestellt haben mag. Das heißt, daß er sich der Beispiele für „Terminus" versichert hat, bzw. versichern könnte, die er dann auch zur exemplarischen Bestimmung verwenden *könnte*. „Vorfinden" lassen sich diese dann zwar nicht *außerhalb*, aber „bereitstellen" *innerhalb* des methodischen Aufbaus.
Die Bemerkung Kamlahs erlaubt uns auch noch eine weitere Unklarheit der *Logischen Propädeutik* aufzudecken. Wenn man Kamlah nämlich darin folgte, „Terminus" nur durch eine Definition für bestimmbar zu halten, und dies unter Hinweis auf das Mißtrauen gegenüber der traditionellen Wissenschaftssprache tut, so unterwirft man die Definition von „Terminus" damit auch der Frage nach der „Angemessenheit", was bei Kamlah denn auch ausdrücklich zugelassen ist.[21] Dagegen spricht Lorenzen davon, daß man bei for-

---

19 Zur Unterscheidung dieser Sprachebenen cf. *K. Lorenz:* loc. cit., pp. 37 f. In der *Logischen Propädeutik* scheint hier auf eine terminologische Präzisierung kein Wert gelegt zu werden. Deshalb entsprechen die hier verwendeten Ausdrücke in ihrer Bedeutung auch nicht immer denjenigen der *Logischen Propädeutik*. So wird dort z. B. (p. 84) von „Gebrauchsprädikatoren" im Zusammenhang mit „Umgangssprache" gesprochen.
20 *Logische Propädeutik*, pp. 84 f.
21 Loc. cit., p. 88: „Ob die Definition [von „Revolution", d. Verf.] *angemessen* ist, darüber hat freilich nicht der Logiker, sondern der Historiker zu urteilen." Im Widerspruch hierzu steht allerdings die versteckte Willkürlichkeitsthese pp. 89 f.

mal-analytischen Wahrheiten im Gegensatz zu material-analytischen Wahrheiten nicht fragen könne, „ob die vorausgegangenen terminologischen Vereinbarungen sachgemäß waren".[22] Da „sachgemäß" und „angemessen" nach Lorenzen austauschbar sind,[23] und die formal-analytischen Wahrheiten dadurch von den material-analytischen Wahrheiten unterschieden werden, daß die ihnen „vorausgegangenen terminologischen Vereinbarungen" lediglich Definitionen sein dürfen, so werden also Fragen der Angemessenheit bei Definitionen von Lorenzen ausdrücklich ausgeschlossen.

Der Widerspruch, den wir durch die Geschichte des Definitionsproblems verfolgt haben, ist somit auch in der *Logischen Propädeutik* enthalten. Es mag dies an der Tatsache liegen, daß es sich um zwei Autoren handelt. Dieser Hinweis könnte aber nur besagen, daß es mit dem „vernünftigen Reden" noch schwieriger ist als von den Autoren ohnehin schon zugestanden. Das Problem liegt wohl eher auf anderer Ebene, nämlich daß Kamlah mehr von hermeneutischer und Lorenzen mehr von logischer Seite das Definitionsproblem angehen. So wird häufig gerade von logischer Seite, wie wir gesehen haben, das Adäquatheitsproblem, unter das die Angemessenheitsfrage subsumiert werden darf, vernachlässigt. Immerhin redet Lorenzen aber von „vernünftigen Festsetzungen" und lehnt den reinen Konventionalismus ab.[24] Was hat es nun mit dieser Rede auf sich? Die in der *Logischen Propädeutik* so genannten Definitionen fallen nach Lorenzen merkwürdigerweise nicht unter die „vernünftigen Festsetzungen". Da „vernünftig" und „sachgemäß" austauschbar sein sollen[25] und bei Definitionen Fragen nach ihrer Sachgemäßheit ausgeschlossen werden, entfällt somit auch ihre mögliche Charakterisierung als „vernünftig". Lassen also die Bemerkungen von Lorenzen zum Begriff der Definition darauf schließen, daß die Willkürlichkeitsthese sich hier unversehens wieder eingeschlichen hat, so wird doch für die anderen Arten der Bestimmung (exemplarische Bestimmung und terminologische Bestimmung durch Prädikatorenregeln) die Frage nach der Angemessenheit ausdrücklich legitimiert. Es gilt nun noch zu prüfen, ob sich dieses Zugeständnis damit verträgt, daß Lorenzen auch von den Prädikatorenregeln sagt, daß sie

---

22 Loc. cit., pp. 217 f.
23 Dies geht aus loc. cit., p. 216, Zeile 12 hervor.
24 Loc. cit., p. 190. Lorenzen scheint sich dabei aber vor allem auf die Geometrie (cf. p. 230) zu beziehen.
25 Loc. cit., p. 200.

unsere Aussagemöglichkeiten nicht „erweitern", sondern nur „zweckmäßig abkürzen".[26]

Wir kommen damit auf die Betrachtung der analytischen Bestimmung von „analytische Bestimmung" zurück. Hierbei dürfte es sich wohl in Lorenzens eigenem Sinne nicht um eine Definition handeln können, da die Frage nach der Sachgemäßheit dieser sprachlichen Normierung wegen der langen Tradition von „analytisch" nicht ausgeschlossen werden darf. Es handelt sich vielmehr, wie Lorenzen selber durch seine Anknüpfung an die Tradition deutlich macht,[27] um einen Rekonstruktionsversuch. Es ist also anzunehmen, daß man die analytische Bestimmung von „analytische Bestimmung" betrachten darf als gegeben durch exemplarische Bestimmungen plus Prädikatorenregeln (z. B. $x \, \varepsilon$ analytische Bestimmung $\Rightarrow x \, \varepsilon'$ synthetische Bestimmung; $x \, \varepsilon$ analytische Bestimmung $\Rightarrow x \, \varepsilon$ apriorische Bestimmung)[28]. Auf eine endgültige Entscheidung, ob Lorenzen hier von Definitionen sprechen würde oder nicht, braucht es uns nicht anzukommen, da in jedem Falle eine Rechtfertigung des Wortgebrauchs „analytisch" zu verlangen wäre. Wollte man von einer „Definition" sprechen, so würde das Mißverhältnis jedenfalls nur noch größer, das Mißverhältnis nämlich zwischen dem Verlangen nach Rechtfertigung des Sprachgebrauchs und der Charakterisierung von Definitionen. Es bleibt aber auch so noch offen, wie die Bemerkung Lorenzens über den abkürzenden Charakter analytischer Bestimmungen z. B. bei der analytischen Bestimmung von „analytische Bestimmung" selbst, mit dem berechtigten Verlangen nach Rechtfertigung des Sprachgebrauchs von „analytische Bestimmung" zu vereinbaren ist. Es ist nämlich fraglich, ob die Einführung eines Terminus, der traditionelle Unterscheidungen aufgreift, lediglich als „zweckmäßige Abkürzung" verstanden werden darf. Zumindest ist dieser Ausdruck irreführend. Durch das Aufgreifen eines solchen Terminus versichert man sich nämlich, wie die Frege-Hilbert-Kontroverse gezeigt hat, eines Anschlusses, der bis zur wissenschaftspolitischen Bedeutung reichen kann. Daß bei Lorenzen solche Anschlüsse eine Rolle spielen, wird ersichtlich, wenn er sich auf die Seite der Kantianer schlägt und gegen den Positivismus ausspricht. Allerdings bleiben einige Bemerkungen selbst noch dem konventionalistischen Positivismus ver-

---

26 Loc. cit., p. 233.
27 Loc. cit., p. 189.
28 Cf. das Schema loc. cit., p. 233.

haftet. Es fehlt die explizite Anerkennung des Erkenntniswertes hermeneutischer Bemühungen; denn die gerechtfertigte Übernahme eines Terminus wie „analytisch" zum Beispiel ist insofern entgegen Lorenzen eine Erweiterung unserer Aussagemöglichkeiten, als sie uns unsere eigenen Unterscheidungen *neu* verstehen lehrt. Diese Nuance wird auch an dem Verfahren der Rekonstruktion deutlich. Während Lorenzen anzunehmen scheint, daß seine Rekonstruktionen die Bildungssprache bzw. die Klassiker allererst verständlich machen, könnte man von hermeneutischer Seite darauf hinweisen, daß wir anhand der Klassiker verstehen, was wir selber (schon immer) tun. Sicher gilt es, beide Aspekte miteinander zu verbinden. Hier kam es zunächst nur darauf an, den hermeneutischen Aspekt schon und gerade im Falle der Definitionen etc. festzumachen, d. h. auf die Vermitteltheit bereits unserer terminologischen *Vorschläge* hinzuweisen.

Mit einer Kritik der *Logischen Propädeutik* darf man es aber nicht bewenden lassen, ohne hervorzuheben, daß ein wichtiger Gesichtspunkt des Vermitteltseins betont wird, nämlich der Zusammenhang der Definitionsproblematik mit der immer schon vorgefundenen lebensweltlichen Praxis und den aus ihr entspringenden Bedürfnissen. Als weiterer Punkt ist noch die Unterscheidung von Wortverwendung und Unterscheidung zu erwähnen. So wird das Primat der Unterscheidung vor deren sprachlicher Artikulation betont. Dies soll nicht bedeuten, daß wir ohne Sprache unterscheiden, sondern daß wir nicht festgelegt sind, mit welchen sprachlichen Ausdrücken unsere Unterscheidungen festzumachen sind. Hierbei wird sehr wohl berücksichtigt, daß wir nicht am Nullpunkt der Sprachfindung beginnen, sondern in einer natürlichen Sprache sprechend das Verhältnis unserer Unterscheidungen und sprachlichen Artikulationen überdenken und verändern.
In diesem Zusammenhang läßt sich die Rede von der Willkürlichkeit der Zeichen so verstehen, daß kein notwendiger Zusammenhang zwischen Zeichen und den durch sie artikulierten Unterscheidungen besteht. Läßt man die Rede von Dingen und Ideen hier zu, so heißt dies im Sinne traditioneller Sprechweise, daß kein Abbildverhältnis zwischen Zeichen und Ideen bzw. Dingen besteht. Eine solche Ansicht haben wir bei Hobbes und Leibniz kennengelernt. Wir haben ferner gesehen, daß Leibnizens Versuch, dem Hobbesschen Dilemma zu entgehen, daß mit der Willkürlichkeit der Zeichen auch die Willkürlichkeit der Definitionen und daraus folgend aller Wahrheiten gegeben sei, nicht gelungen ist. Leibniz hatte aber bereits richtig vermutet, daß

mit dem Zugeständnis der Willkürlichkeit der Zeichen in dem eben erläuterten Sinne noch nichts verloren ist. Durch die Unterscheidung von sprachlicher Artikulation und Unterscheidung scheint nun ein Ausweg gebahnt zu sein, der besagt, daß auch bei jeder terminologischen Neuorientierung die durch die Sprache bereits vermittelten Unterscheidungen berücksichtigt werden müssen. (Im Abschnitt über Mill wurde dieser Gesichtspunkt angedeutet.) Damit sind die Zeichen dann auch nicht mehr willkürlich änderbar[29] und die Willkürlichkeitsthese für Zeichen und Definitionen muß in diesem Punkt aufgegeben und durch die Forderung ersetzt werden, bereits vorhandene Unterscheidungen zu rekonstruieren. Das Verfahren der rationalen Nachkonstruktion bzw. Explikation (Carnap) darf als, wenn auch verkürzter, Versuch in dieser Richtung genannt werden. Vor allem war hier zu bemängeln, daß die Interessenproblematik unberücksichtigt blieb.[30] Sie ist in der *Logi-*

---

29 In diesem Sinne äußert sich auch *F. de Saussure: Grundfragen der Allgemeinen Sprachwissenschaft.* Dt. Übers. v. *H. Lommel.* 2. Aufl., Berlin, 1967, p. 80: „Das Wort ‚beliebig' (arbitraire) erfordert hierbei eine Bemerkung. Es soll nicht die Vorstellung erwecken, als ob die Bezeichnung von der freien Wahl der sprechenden Personen abhinge (weiter unten [pp. 83 ff., d. Verf.] werden wir sehen, daß es nicht in der Macht des Individuums steht, irgend etwas an dem einmal bei einer Sprachgemeinschaft geltenden Zeichen zu ändern) [Dieser Auffassung schließen wir uns freilich nicht an, da sie Rekonstruktionsbemühungen unmöglich machen würde, d. Verf.]; es soll besagen, daß es *unmotiviert* ist, d. h. beliebig im Verhältnis zum Bezeichneten, mit welchem es in Wirklichkeit keinerlei natürliche Zusammengehörigkeit hat." Cf. hierzu auch *A. Schaff: Über die Eigenart des sprachlichen Zeichens;* in: ders.: Essays über die Philosophie der Sprache. Frankfurt, Wien, 1968, pp. 26—45, pp. 34 ff.
30 Ein Hinweis auf die Interessenproblematik findet sich z. B. bei *Y. Bar-Hillel: Popper's Theory of Corroboration.* Erscheint in: The Philosophy of Karl R. Popper, hg. v. *P. A. Schilpp.* Bar-Hillel betont, daß die Kontroverse zwischen Carnap und Popper über induktive Logik auf unterschiedlichen Interessen beruht. Interessen, die ich „wissenschaftspolitisch" nenne, weil sie die Grundlage für Entscheidungen darüber abgeben, welchen Weg eine (oder sogar die) Wissenschaft gehen soll. Der Zusammenhang mit der Definitionslehre stellt sich in der Carnap-Popper-Kontroverse bei der Frage ein, wie der Terminus „degree of confirmation" (Bewährungsgrad) verwendet werden *soll.* Cf. dazu auch die Bemerkungen Carnaps in: *The Philosophy of Rudolf Carnap,* hg. v. *P. A. Schilpp.* La Salle (Ill.), London, 1963, pp. 995—998.
Mit Bezug auf Carnaps Explikationsbegriff ließe sich das Interessenproblem in zweifacher Weise einbringen: 1. bei der Bestimmung des Explikandums durch Erläuterungen und 2. bei der Zuordnung des Explikats zum Explikandum.

schen Propädeutik zumindest in dem Sinne berücksichtigt, daß die Abhängigkeit der lebenspraktischen Unterscheidungen von Bedürfnissen anerkannt wird. Daß der Eskimo Schneearten und der Araber Sandarten subtiler unterscheidet als der Mitteleuropäer liegt daran, daß diese Unterscheidungen für den Eskimo bzw. Araber lebenswichtig sind. Ein Mitteleuropäer kann sie an Beispielen und Gegenbeispielen lernen, er hat aber nicht ein unmittelbares lebenspraktisches Bedürfnis danach. Die erste Gliederung der Welt erfolgt durch Unterscheidungen, die ihrerseits abhängig von Bedürfnissen sind. Diese anthropologische Behauptung läßt sich sowohl phylogenetisch als auch ontogenetisch belegen. In ihr steckt aber noch nicht die ganze *Interessen*problematik. Die Lebenspraxis oder zumindest die lebenserhaltende Praxis ist nämlich nicht in dem Sinne fraglich, daß wir unbedingt Veranlassung hätten, den aus ihr entstandenen Unterscheidungen „Ideologieverdacht" o. ä. anzuhängen. Ideologieverdacht braucht auch nicht zu entstehen, wenn man neben der vergleichsweise harmlosen Unterscheidung von Schlagwerkzeugen und Schnittwerkzeugen die zwischen Hiebwaffen und Stichwaffen einführt. Es charakterisiert zwar eine bestimmte Situation oder Epoche, wenn die in ihr getroffenen Unterscheidungen im wesentlichen dem Kriegshandwerk entspringen oder dienen; aber damit *brauchen* die Unterscheidungen selbst, sprachphilosophisch betrachtet, nicht Gegenstand der Kritik zu sein. So ist zwar jede Unterscheidung normativ, indem sie Einteilungen in einer bestimmten Weise vornimmt, von besonderer Problematik sind aber die Unterscheidungen, die darüber hinaus normativ im Sinne des Beurteilens oder Wertens sind. Diese Feststellung darf jedoch auch nicht dazu verleiten, bei anderen Unterscheidungen die Interessenabhängigkeit unberücksichtigt zu lassen. Sobald sie nämlich in Normen eingehen, wie z. B. „Setze kein Giftgas ein" gilt für sie bei aller sonstigen Harmlosigkeit eine ähnliche Problematik. Termini wie „gut", „vernünftig", etc. markieren insofern nur das Ende einer Skala.

In der *Logischen Propädeutik* vermißt man, daß über das Zugeständnis der Bedürfnisabhängigkeit lebenspraktischer Unterscheidungen nicht hinausgegangen wird.[31] Wenn es dort heißt „der Vereinbarung eines Zeichens geht jeweils das Bedürfnis oder die Notwendigkeit voraus, sich über etwas zu

---

31 Auf diesen Mangel der *Logischen Propädeutik* hat bereits B. Badura: *Sprachbarrieren — Zur Soziologie der Kommunikation*. Stuttgart, 1971, pp. 29 f. hingewiesen.

verständigen"³², so ist weiter zu fragen, ob nicht noch mehr (vielleicht verschleiert) dahintersteht, z. B. Herrschafts- und nicht Kommunikationsinteressen. Damit kommen wir zur genaueren Erörterung des Verhältnisses von Definitionen und Interessen.

---

32 *Logische Propädeutik*, p. 97. In ähnlicher Weise äußert sich *E. v. Savigny: Grundkurs im wissenschaftlichen Definieren*. München, 1970, p. 24. Kritik an definitorischen Festsetzungen wird zugelassen im Hinblick auf die Frage, ob die Festsetzungen dem „Zwecke besserer Verständigung" dienen. Hinter die Einsichten der *Logischen Propädeutik* geht v. Savigny aber zurück, wenn er meint, daß terminologische Vorschläge zwar „unpraktisch", aber nicht „unzutreffend" sein könnten. Entsprechend wird die Formulierung der Willkürlichkeitsthese „festsetzen muß man können, was man will!" (p. 31) nur durch die Forderung eingeschränkt, daß die Festsetzungen mit den verfolgten Zielen verträglich sein müssen. Fragen der Interessenkritik bleiben damit unberücksichtigt.

4. Definitionen und Interessen

Das Verhältnis von Definitionen und Interessen ist in zweifacher Hinsicht interessant, bzw. sollte unser Interesse erwecken. Das faktische Interesse an Definitionen ist unbestreitbar, da eine Praxis des Definierens bereits besteht. Dieses Interesse kann *erstens* ein Interesse sein an Definitionen überhaupt oder bestimmten Definitions*arten* und *zweitens* ein Interesse an Definitionen bestimmten Inhalts, d. h. Interesse daran, daß ein bestimmtes Definiens einem bestimmten Definiendum bzw. umgekehrt zugeordnet ist. Das Interesse erster Art zeigt sich in Forderungen wie: definiere neue Termini, treffe Unterscheidungen, normiere deine Sprache oder die Wissenschaftssprache, beschreibe (erkläre) den richtigen Gebrauch von Ausdrücken. Diese Definitionsforderungen werden meistens genauer ausgeführt, indem bestimmte Definitionsweisen oder -methoden[1] ausgezeichnet oder untersagt werden für die Erfüllung jener Forderungen. Die Definitionsforderungen und ihre Erfüllungsbestimmungen erweisen sich, wie die Geschichte des Definitionsproblems klar macht, als abhängig von unterschiedlichen Erkenntnisinteressen (Interessen *an* Erkenntnis), während sich das Interesse an Definitionen *bestimmten Inhalts* (unser Fall zwei) nicht immer, wie gezeigt werden soll, einem Erkenntnisinteresse unterordnen läßt. Vielmehr haben wir es hierbei häufig direkt mit einem *pragmatischen Interesse* zu tun, das sich im ersten Fall als indirekt gegeben erweisen wird und ebenso im zweiten Fall dann, wenn das direkte Verhältnis nicht besteht. Die Rede von Erkenntnisinteressen soll uns ermöglichen, von Interessen an Erkenntnis zu sprechen, ohne gleich auf die wie auch immer geartete Praxisbezogenheit von Erkenntnis eingehen zu müssen. „Pragmatische Interessen" seien solche Interessen genannt, die auf die Erhaltung oder Veränderung von (privater, gruppenspezifischer oder öffentlicher) Praxis ausgerichtet sind.

Analog zu drei Typen von Erkenntnisinteresse weist die Geschichte des Definitionsproblems drei Typen seiner Behandlung auf, die wir paradigmatisch kennengelernt haben:[2]

---

[1] Eine brauchbare Klassifikation bietet *A. Pap: Theory of Definition*. Philosophy of Science XXXI (1968) pp. 49–54.
[2] Cf. zur folgenden Einteilung den Artikel „Definition II" des Verf. in: Historisches Wörterbuch der Philosophie, hg. v. *J. Ritter*, Bd. II. Basel, Stuttgart, 1972, Sp. 35–42.

1. Das Definitionsproblem als Problem des sprachlichen Aufbaus einer *bestimmten* Wissenschaft; vertreten z. B. durch Frege für die Mathematik.
2. Das Definitionsproblem als Problem des sprachlichen Aufbaus von Wissenschaft überhaupt; vertreten z. B. durch Hobbes, Leibniz und den Logischen Empirismus unter vorwiegender Orientierung an Mathematik und Naturwissenschaften.
3. Das Definitionsproblem als allgemeines, über den wissenschaftssprachlichen Rahmen hinausreichendes Problem der Angabe von Wortbedeutungen; vertreten z. B. durch Mill und fortgeführt durch den späten Wittgenstein und die Ordinary Language Philosophy.

Entsprechend diesen unterschiedlichen Erkenntnisinteressen wurde der Definition nicht nur eine unterschiedliche Bedeutung für die Erkenntnis zugewiesen, sondern es erfolgte vor allem eine unterschiedliche Bewertung verschiedener Definitionsarten. Für eine solche Bewertung wurden von den jeweiligen Vertretern verschiedene Bewertungsmaßstäbe entwickelt und gegeneinander ins Feld geführt. Es liegt nun nahe, diesen Streit dadurch zu beenden, daß man auf die eben erwähnte Abhängigkeit der Bewertungsmaßstäbe von den jeweiligen Erkenntnisinteressen hinweist und deshalb auf einen *generellen* Bewertungsmaßstab verzichtet. Man könnte dann formulieren: Die Bewertung von Definitionen hat zu erfolgen gemäß dem Ziel oder der Absicht des Kontextes, in dem sie vorkommen. Dieses Kriterium läßt sich nicht nur auf Definitionsarten, sondern auch auf einzelne Definitionen anwenden. Ähnlich argumentiert, wie bereits angedeutet wurde, R. Abelson[3], allerdings in einer Verkürzung der Problemstellung.

Abelson teilt die Definitionstheorien danach ein, wie sie den Informationswert der Definition für Erkenntnisse veranschlagen und stellt fest: 1. Definitionen haben einen Erkenntniswert (gegen den Logischen Empirismus u. a.), 2. dieser Erkenntniswert ist nicht faktischer, sondern normativer Art (gegen eine rein linguistische Auffassung) und 3. der normative Erkenntniswert einer Definition ist nicht nach wahr oder falsch, sondern nach besser oder schlechter zu beurteilen (gegen Platon), und zwar ist eine Definition besser als eine andere, wenn sie der Absicht ihres Kontextes dienlicher ist als eine

---

[3] *R. Abelson: An Analysis of the Concept of Definition, and Critique of three Traditional Philosophical Views Concerning its Role in Knowledge.* Diss., New York, 1957. Kurzfassung in: The Encyclopedia of Philosophy, hg. v. *P. Edwards.* New York, London, 1967, Bd. II, pp. 314—324.

andere. Im folgenden wird eine Kritik und Weiterführung der Gedanken Abelsons versucht.

Die Schwierigkeit des Abelsonschen Lösungsversuchs soll erläutert werden an der These von der Willkürlichkeit der Definitionen. Abelson orientiert sich bei seinen Überlegungen u. a. an Russell. Wir haben mit Freges Formulierung der Willkürlichkeitsthese eine der Russellschen entsprechende, aber pointiertere erörtert. Abelson kritisiert Russells Auffassung als widersprüchlich, daß Definitionen einerseits willkürliche Festsetzungen seien, andererseits aber eine Definition darauf hinweise, daß ihr Definiens „einer genaueren Betrachtung wert"[4] sei. Während nach Abelson aus der ersten These zu folgern sei, daß Definitionen keine „Information" böten (d. h. keinen Erkenntniswert hätten), besage die zweite These das Gegenteil, indem sie andeute, daß Definitionen im Hinblick auf ein gewisses Ziel erfolgten und damit einen *normativen* Erkenntniswert im erläuterten Sinne hätten. In unserer Terminologie wollen wir kurz sagen: Der These von der Willkürlichkeit der Definitionen scheint das Zugeständnis eines Interesses an bestimmten Definitionen zu widersprechen. Zur Prüfung der Abelsonschen Kritik *fingieren* wir, daß sich die Vertreter der Willkürlichkeitsthese mit folgenden Argumenten verteidigen: Selbstverständlich heiße „willkürlich" nicht „beliebig", sondern in der Tat verfolge man eine Absicht, wenn man definiere, und zwar richte sich diese Absicht nach der Absicht, die man mit dem Schreiben des Textes, in dem die Definition vorkommt, verfolge. Hierin stimme man völlig mit Abelson überein; aber die Absicht dieses Textes sei es eben, das Definiendum, z. B. $p \to q$ (lies: wenn p, so q) willkürlich (das heiße nun: ohne eine Rechenschaft darüber abzugeben oder abgeben zu müssen, ob eine Entsprechung zur Umgangssprache oder anderen Verwendungen bestehe) im Rahmen einer Kunstsprache festzusetzen als Abkürzung für das Definiens, z. B. $\neg p \lor q$ (lies: nicht p oder q). Wenn die Vertreter der Willkürlichkeitsthese nun weiter von Abelson gefragt würden, welches ihr Ziel beim Aufstellen einer Kunstsprache sei, um aus ihnen vielleicht doch noch das Zugeständnis herauszubekommen, daß eigentlich eine Rekonstruktion der Umgangssprache oder anderer Verwendungen durch eine Kunstsprache beansprucht werde und damit gerade nicht eine willkürliche Ersetzung der ersten durch die zweite in Frage komme, so könnten sie einfach antworten, man habe eben gar kein anderes Ziel als den Aufbau einer Kunstsprache. Es ist nicht zu sehen, wie es Abelson

---

[4] *Principia Mathematica.* 2. Aufl., Cambridge 1925—27, Bd. I, p. 11.

innerhalb seines Begriffs von Ziel gelingen könnte, diese Erklärung anzugreifen. Dies hängt damit zusammen, daß es im Grunde um eine Definition von „Definition" geht und man nur eine entsprechende Absicht des Kontextes dieser Definition von „Definition" angeben muß, um das, was man fortan unter „Definition" verstehen will, zu erhalten. Mit anderen Worten: die These von der Willkürlichkeit der Definitionen läßt sich selbst im Rahmen des Abelsonschen Vorschlags begründen. Die Lösung, die sich angesichts dieses Widerspruchs anzubieten scheint, kann man so formulieren: Die Auffassung, daß Definitionen in *keinem* Falle willkürlich sein können, läßt sich nicht halten; aber ebensowenig die konträre Gegenthese, daß Definitionen *immer* willkürlich seien. Wir könnten im Anschluß an Abelson sagen, daß auch diese Frage in Abhängigkeit von dem jeweilgen Erkenntnisinteresse zu beantworten sei.

Der Lösungsvorschlag ist befriedigend, wenn man Erklärungen über Erkenntnisinteressen hinnimmt und sie nicht weiter in Frage stellt, d. h. solange man nur zweckrational argumentiert, wie Abelson es tut. Anders ausgedrückt, daß nach Angabe des Erkenntniszieles nur darüber argumentiert wird, wie dieses Ziel zu erreichen sei, nicht aber, ob es sich um ein gerechtfertigtes Ziel handelt. Bekanntlich wird über die Möglichkeit einer solchen Argumentation „moralischer" Art gestritten, bzw. darum, ob eine solche Argumentation in gleicher oder ähnlicher Weise überzeugend sein kann, wie eine Argumentation z. B. in der Mathematik. Eine bekannte Form dieser Frage lautet: Ist Tugend lehrbar? (Sokrates, Platon). Wie die Antwort auch immer ausfallen mag, unbestreitbar gibt es Rede, die mit der Absicht zu überzeugen, bzw. zu überreden, geschieht, wobei eine wirkliche Unterscheidung von „überzeugen" und „überreden" erst dann zur Verfügung steht, wenn man die obige Frage mit „ja" beantwortet. Bezogen auf unseren Fall des Aufbaus einer Kunstsprache und unter der Voraussetzung also, daß man mit der Kundgabe eines Unternehmens nicht auch schon seine Rechtfertigung gegeben sein läßt (was faktisch meist auch nur dann geschieht, wenn die Rechtfertigung im Rahmen bereits geleisteter Rechtfertigungen bzw. anerkannter Normen implizit mitgeliefert wird), braucht uns eine Erklärung über das Unternehmen einer Kunstsprache nicht mehr zu genügen, und wir fragen dann nach einer Rechtfertigung.

Wir erinnern uns, daß die Willkürlichkeitsthese innerhalb der zweckrationalen Argumentation nur dann aufrechterhalten werden kann, wenn der Zweck des Aufbaus einer Kunstsprache Selbstzweck ist, d. h. wenn das Erkenntnisinteresse beim Aufbau, diesem Aufbau selbst gilt. Die Willkürlichkeitsthese läßt sich nicht halten, wenn dieses Erkenntnisinteresse einem anderen Erkenntnisinteresse oder einem pragmatischen Interesse untergeordnet ist, weil dann eine Definition in bezug auf dieses übergeordnete Interesse einer Begründung bedarf und damit der „Willkür" entzogen ist. Somit brauchen wir im Hinblick auf die Haltbarkeit der Willkürlichkeitsthese die Rechtfertigungsfrage nur noch für den Fall zu stellen, daß der Aufbau einer Kunstsprache als Selbstzweck verstanden wird. Mit dem Aufgeben der Kunstsprache als Selbstzweck aber fällt auch die Willkürlichkeitsthese. Abgesehen davon, daß wohl niemand die Selbstzweckthese in dieser expliziten Form vertritt, eher in einer verschleierten Form, besteht zunächst zumindest theoretisch die Möglichkeit dazu. Nun ist aber die Selbstzweckthese selbst eine moralische These in dem Sinne, daß sie die Rechtfertigungsfrage ausklammern will. Wenn wir uns also mit ihr auf der moralischen Ebene auseinandersetzen, so ist dies kein Übergang, den man mit theoretischen Argumenten ablehnen kann, sondern nur, indem man sich bereits moralischer Argumentation bedient. Es steht also nicht in unserem Belieben, die zweckrationale Argumentation zu verlassen und auch zur moralischen Argumentation überzugehen, sondern wir müssen es an dieser Stelle. Deshalb können wir uns auch nicht mit der oben angebotenen zweckrationalen Lösung in der Frage des Aufbaus einer Kunstsprache und der davon abhängigen Willkürlichkeitsthese begnügen, sondern wir müssen uns fragen, ob ein solches Unternehmen gerechtfertigt ist. Daß es nicht gerechtfertigt ist, zeigt sich darin, daß es nur unter Ablehnung der Rechtfertigungsfrage haltbar ist. Und wer sich an dieser paradox erscheinenden Formulierung stößt, zeigt, daß er nicht den Standpunkt der moralischen Argumentation einnimmt, und damit ist die *Argumentation* (überhaupt) am Ende. Wie aber das Selbstzweckargument aus moralischen Gründen abzulehnen ist, so ist auch entsprechend der oben angegebenen Abhängigkeit die Willkürlichkeitsthese abzulehnen. Darin, daß die vorangegangene Argumentation von Abelson nicht unternommen wird, besteht seine „Verkürzung der Problemstellung".

Die Diskussion der Willkürlichkeitsthese scheint uns von der Frage des Verhältnisses von Definition und Interesse abgeführt zu haben. Jedoch hat sie uns im Gegenteil das richtige, tiefer liegende Verhältnis erst gezeigt, nämlich, daß es nicht nur ein solches von Definition und *Erkenntnis*interesse ist, sondern von Definition und *pragmatischem* Interesse, da wir auch für die (theoretische) Praxis des Definierens Rechtfertigungen verlangen müssen. Dies bedeutet, daß es in der Definitionstheorie den Standpunkt des „reinen" Erkenntnisinteresses[5] nicht geben kann. Im Rahmen einer Analyse des Zusammenhangs von bestimmten Erkenntnisinteressen und der dahinterstehenden bewußten oder unbewußten (bzw. verschleierten) pragmatischen Interessen ließe sich auch eine Analyse der einschlägigen Definitionstheorien vornehmen. Eine solche gesellschaftsbezogene wissenschafts*kritische* anstelle einer bloß wissenschafts*theoretischen* Behandlung des Definitionsproblems steht noch an. Allerdings ist sie erst möglich, nach einer viel ausführlicheren Betrachtung der verschiedenen Definitionstheorien in wissenschaftsgeschichtlichen Zusammenhängen, was den Rahmen der hier vorgebrachten Überlegungen überschreiten würde.

Nach dem mittelbaren Verhältnis von Definition und pragmatischem Interesse soll nun ihr *unmittelbares* Verhältnis untersucht werden. Dies liegt vor, wenn eine Definition bestimmten Inhalts nicht einem Erkenntnisinteresse untergeordnet werden kann, sondern *direkt* einem pragmatischen Interesse dient (cf. die Eingangsbemerkungen zu diesem Kapitel). Hierzu hat Ch. L. Stevenson eingehende und beispielreiche Untersuchungen angestellt[6], die vor allem die von ihm so genannten „persuasiven Definitionen" betreffen. Auf diese wollen wir im folgenden unter Benutzung einer von Stevenson etwas abweichenden Terminologie näher eingehen. Unter persuasiven Definitionen versteht Stevenson Definitionen, deren Definiendum neben einer rein „deskriptiven" (wertneutralen) eine „emotive" (wertende) Bedeutungskomponente besitzt, und deren Definiens die emotive Bedeutung beibehält, die deskriptive aber verändert, um so die Wertung auf den neuen Inhalt zu übertragen und die Interessen und Entscheidungen anderer zu beeinflussen.[7] Es kann z. B. in gewissen Grenzen sehr wesentlich für die Bewertung und die damit häufig verbundene Finanzierung bestimmter Tätigkeiten sein, daß sie unter Begriffe wie „Wissenschaft", „Kunst", u. a. fallen. Ob sie aber darunter fallen, hängt nicht zuletzt von der Definition dieser Begriffe ab. Man wird die Definition also entsprechend dem obigen Verfahren vorzunehmen versuchen, und sie dient damit direkt einem pragmatischen Interesse. Dieses

---

5 Wenn „Erkenntnisinteresse" bereits verstanden wird als „der Erkenntnis (dem Erkenntnisstreben) zugrunde liegendes Interesse", so ist dies schon aus terminologischen Gründen deutlich, nicht jedoch nach unserem Gebrauch von „Erkenntnisinteresse" im Sinne von „Interesse *an* Erkenntnis" (s. o.).
6 *Ch. L. Stevenson: Ethics and Language.* New Haven, London, 1944.
7 Loc. cit., p. 210.

Verfahren ist nicht ohne weiteres als manipulativ abzutun; denn abgesehen davon, daß der Fortschritt unter bestimmten gesellschaftlichen Verhältnissen nur auf diesem Wege möglich ist[8], muß man sich fragen, ob ein gewisses Maß an Beeinflussung der Interessen anderer nicht in jeder Definition enthalten ist. Stevenson selbst ist dieser Ansicht, meint aber Definitionen, die nur das Erkenntnisinteresse über eine Veränderung der Aufmerksamkeit beeinflussen, von solchen unterscheiden zu können, die durch „emotive pressure" pragmatisches Interesse beeinflussen.[9] Dieser Unterschied ist nach Stevenson kein grundsätzlicher, sondern gradueller, da Ausdrücke ohne jede emotive Bedeutung kaum zu finden seien. Deshalb erkennt er auch die Möglichkeit der emotiven Beeinflussung, d. h. der Beeinflussung durch persuasive Definitionen, des Erkenntnisinteresses an. Kann die emotive Bedeutung jedoch „praktisch vernachlässigt" werden, d. h. spielt sie keine Rolle bei der Beeinflussung des Interesses, so kann nach Stevenson dieses Interesse nur ein Erkenntnisinteresse sein, und es muß sich um eine Definition der ersten Art handeln, es kann keine persuasive Definition sein.[10] Bei all diesen Überlegungen Stevensons steht im Hintergrunde eine Bestimmung des Begriffs der persuasiven Definition. Stevenson betrachtet dabei auch alle Neben- und Grenzfälle dieser Definitionsart. Hierauf wollen wir aber nicht eingehen, sondern seine Äußerungen zu dem, was wir als das Verhältnis von Definition und Erkenntnisinteresse und von Definition und pragmatischem Interesse gekennzeichnet haben, betrachten.

Nach Stevenson geschieht die Beeinflussung von pragmatischen Interessen zumindest direkt nur mit Hilfe von emotiven Bedeutungen, wozu neben persuasiven *Definitionen* (Definitionen der zweiten Art) freilich noch andere Formen der Rede gehören.[11] Die Beeinflussung des pragmatischen Interesses durch Definitionen der ersten Art kann nach Stevenson nur indirekt geschehen. Wenn z. B. das pragmatische Interesse besteht, mit Messer und Gabel zu essen, vermittelt durch gesellschaftliche „Anstandsnormen" und verbunden mit entsprechenden Sanktionen, so spielt eine Definition von „Messer" und „Gabel", wenn man diesem Interesse nachkommen will, d. h. die entsprechende Norm befolgen will, eine wichtige Rolle, indem sie klärt, wann wir es

---

8 Cf. *H. Lübbe: Der Streit um Worte.* Bochumer Universitätsreden. Bochum, 1967.
9 *Stevenson*, loc. cit., p. 290.
10 Cf. loc. cit., pp. 282 ff.
11 Cf. die soziolinguistische Untersuchung von *B. Badura: Sprachbarrieren — Zur Soziologie der Kommunikation.* Stuttgart, 1971.

mit Messern und Gabeln zu tun haben. Dieses selbe Wissen benötigt aber auch derjenige, der die Gegenmaxime aufstellt, nicht mit Messer und Gabel zu essen. Eine solche Definition ist also neutral in bezug auf die direkte Beeinflussung des pragmatischen Interesses. Sie kann zwei entgegengesetzten pragmatischen Interessen in gleicher Weise dienen.

Festzuhalten bleibt zunächst, daß auch nach Stevenson eine Beurteilung der Definitionen von emotiv aufgeladenen Termini nur möglich ist durch eine Kritik der hinter ihnen stehenden Interessen. Allerdings spricht Stevenson dies nicht explizit aus, da es ihm vornehmlich um eine Analyse des Phänomens geht. Die vorangegangenen Überlegungen legen es nahe, daß er bei der Beurteilung der Definitionen von nicht-emotiven (d. h. deskriptiven) Termini auf eine solche Kritik meint verzichten zu können. Nun wird man ihm zwar zugestehen, daß vielfach dieselben Definitionen verwandt werden, um durchaus verschiedene oder entgegengesetzte Interessen zu beeinflussen (s. o.), jedoch folgt daraus keineswegs, daß es allgemeine, vom pragmatischen Interesse unabhängige Definitionen gibt, sondern nur, daß streckenweise auch bei unterschiedlichen pragmatischen Interessen prima facie immer einmal gewisse Teilinteressen, und dazu gehören auch Erkenntnisinteressen, übereinstimmen können. Diese Erkenntnisinteressen basieren aber auf pragmatischen Interessen, wie wir im ersten Teil dieses Kapitels zu zeigen versuchten, und können deshalb auch nicht grundsätzlich einer entsprechenden Kritik entzogen werden.

Es soll nun der Terminus „emotive Bedeutung" einigen Differenzierungen unterzogen werden, die eine Zuordnung zwischen Arten von Bedeutung und Arten von pragmatischem Interesse erlauben. Überhaupt gilt es zunächst den semantischen Status emotiver Bedeutung selbst zu bestimmen. Bei Stevenson heißt es: „Emotive meaning is a meaning in which the response (from the hearer's point of view) or the stimulus (from the speaker's point of view) is a range of emotions".[12] Damit ist dieser Begriff bei Stevenson von vornherein in den Rahmen einer kausal-psychologistischen Bedeutungstheorie gestellt und entsprechend mit deren Schwierigkeiten behaftet. Bei unserem Klärungsversuch gehen wir von Untersuchungen Freges aus, dessen Grundlegung von Logik und Semantik sich mit ähnlichen Fragen beschäftigt hat und auch in diesem Zusammenhang das Definitionsproblem berührt. Frege, der anson-

---

12 *Stevenson,* loc. cit., p. 59. Der Terminus „emotive meaning" geht zurück auf C. K. Ogden und *I. A. Richards:* The Meaning of Meaning (1923). 10. Aufl., London, 1949. Dort ist p. 125 von „emotive use" die Rede.

sten gerade den antipsychologistischen Standpunkt vertritt, kommt im Hinblick auf emotive Bedeutung u. ä. zu einer der Stevensonschen entsprechenden Auffassung, indem er diesen Bereich der Psychologie zurechnet. Erwähnt muß werden, daß Frege hier von „Färbung des Sinns" spricht und diesen Ausdruck nicht wie Stevenson sein „emotive meaning" auf Emotionen beschränkt. Färbung liegt bei Frege ganz allgemein vor, wenn bei sprachlichen Ausdrücken semantische Unterschiede vorliegen, ohne daß man gleich von einem Unterschied des Sinns sprechen müßte.

Frege[13] rechnet die Färbung, er sagt dafür auch „Beleuchtung", in *Über Sinn und Bedeutung* dem Vorstellungsbereich zu und unterscheidet sie dadurch grundlegend vom Sinn. Der Unterschied zwischen Sinn und Vorstellung besteht für Frege darin, daß die Vorstellung subjektiv ist, d. h. jeder *seine* Vorstellung hat und die Vorstellungen verschiedener Personen nicht genau vergleichbar sind, weil wir sie „nicht in demselben Bewußtsein zusammen haben können".[14] Den Sinn dagegen hält Frege für objektiv, da er „gemeinsames Eigentum von vielen sein kann", d. h. mitteilbar und verstehbar ist. Entsprechend seiner Ansicht über Vorstellungen kann Frege dann z. B. sagen: „Diese Färbungen und Beleuchtungen sind nicht objektiv, sondern jeder Hörer und Leser muß sie sich selbst nach den Winken des Dichters oder Redners hinzuschaffen".[15] Daß die Färbungen nicht beliebig aufgefaßt werden, beruhe auf einer „Verwandtschaft des menschlichen Vorstellens". Indem Frege die Färbung dem Vorstellungsbereich zurechnet, muß er für das Verhältnis von Zeichen und Färbung auch die zwischen Zeichen und Vorstellung bestehende semantische Relation übernehmen. Während er das Verhältnis Zeichen — Bedeutung als Bezeichnungsrelation und das Verhältnis Zeichen — Sinn als Ausdrucksrelation versteht, betrachtet er das Verhältnis Zeichen — Vorstellung als Ursache/Wirkungsrelation.[16] Frege bringt auch mit der Lautmalerei ein Beispiel dafür, daß die Zeichen direkt die Vorstellungen verursachen, wobei er die Laute „sinnliche Reize" nennt, fährt dann aber so fort, daß

---

13 Die folgenden Überlegungen stimmen überein mit pp. XXIV—XXVI der Einleitung zu *G. Frege: Schriften zur Logik und Sprachphilosophie. Aus dem Nachlaß*. Hg. v. G. Gabriel. Hamburg, 1971.
14 *Über Sinn und Bedeutung*. Zeitschrift für Philosophie und philosophische Kritik C (1892) pp. 25—50, p. 30.
15 Loc. cit., p. 31.
16 Cf. *Logik;* in: *Nachgelassene Schriften*, hg. v. H. Hermes u. a., Hamburg, 1969, pp. 137—163, pp. 151 f.; ferner: *Der Gedanke*. Beiträge zur Philosophie des deutschen Idealismus I (1918/19) pp. 58—77, p. 63.

Worte auch vermittels des Sinns Vorstellungen hervorriefen, die allerdings ganz unterschiedlich ausfallen könnten. Um nun das Vorstellen in bestimmter Weise zu beeinflussen, kann man nach Frege verschiedene Worte desselben Sinns aber unterschiedlicher Färbung verwenden. Wenn man z. B. von einem Köter statt von einem Hund spreche, so werde damit ein „Wink" gegeben, „sich den Hund etwas ruppig vorzustellen".[17] Frege ist sich also partiell klar darüber gewesen, daß das Phänomen der Färbung nicht einfach dadurch zu erklären ist, daß das Vorstellen nur *direkt* durch ein Zeichen ursächlich beeinflußt wird, sondern daß hierbei auch ein Inhaltsmoment eine Rolle spielt. Diese Tendenz der Fregeschen Auffassung wird da deutlich, wo er einen Unterschied macht zwischen dem Inhalt und dem Gedanken eines Satzes.[18] Allerdings hat Frege hieraus nicht mehr die ausdrückliche Konsequenz gezogen, die Färbung wenigstens zum Teil aus dem Bereich der Vorstellungen und der Subjektivität in den der Objektivität hinüberzunehmen. Frege lag nur daran, den Bereich des Sinns (des Gedankens) als objektiv nachzuweisen, und zwar vor allem, um die Rede von wahren und falschen Gedanken (Sätzen) zu ermöglichen, wobei er nur solche Inhalte zum Gedanken rechnet, die zu dessen Wahrheit oder Falschheit beitragen.[19] Da Freges Begriff der Färbung sozusagen das „Überbleibsel" dieser Ausgrenzung ist, wird er nicht so genau bestimmt wie „Sinn" und „Bedeutung".

Freges Intention dürfte teilweise Stevensons Gebrauch von „emotive meaning" entsprechen, allerdings wird auch hier nicht deutlich zwischen „emotive meaning" im Sinne von Verursachung und im Sinne von Inhalt unterschieden.[20] Dieser Unterschied ist kurz gesagt folgender: Gewisse Prädikatoren, z. B. „Kommunist", bewirken, obwohl ihr Inhalt wertneutral ist, meistens eine negative oder positive Einstellung demjenigen gegenüber, dem sie *zugesprochen* werden. Anders verhält es sich z. B. mit dem Ausdruck „Prädikator", dessen Inhalt sicher noch „harmloser" ist als der eben besprochene Fall. Seine Verwendung erweckt (verursacht) bisweilen Zustimmung oder Ablehnung demjenigen gegenüber, der ihn *verwendet*. Dies hängt damit zusammen, daß solche Ausdrücke eine Schulzugehörigkeit u. ä. zu signalisieren scheinen. In den

---

17 *Logik*, loc. cit., p. 152.
18 *Der Gedanke*, p. 64: „So überragt der Inhalt eines Satzes nicht selten den in ihm ausgedrückten Gedanken."
19 Ibid.
20 Cf. hierzu den klärenden Artikel „Emotive meaning" von *W. P. Alston* in: The Encyclopedia of Philosophy, hg. v. *P. Edwards*. New York, London, 1967, Bd. II, pp. 486—493.

genannten Fällen sprechen wir besser von „emotiver Kraft" statt von „emotiver Bedeutung". Verwendet man dagegen Ausdrücke wie „Köter", so gibt man durch den *Inhalt* dieser Worte seine Ablehnung gegenüber einem bestimmten Hund zu verstehen. Hier eignet sich deshalb der Terminus „emotive Bedeutung". Emotive Bedeutung in diesem Sinne unterscheidet sich von dem, was Frege „Sinn" nennt, nur dadurch, daß eine Bewertung vorliegt, die aber genauso *allgemein* verstehbar und damit „objektiv" ist, wie der Sinn des Wortes „Hund". Daß Frege unter der Objektivität außer einer allgemeinen Mitteilbarkeit und Verstehbarkeit zusätzlich eine Art der unabhängigen Existenz der Inhalte begreift, brauchen wir hier nicht zu erörtern, da unsere Unterscheidung nicht davon betroffen wird.[21]

Außer bei Bewertungen liegt nach Frege auch Färbung vor, wenn ein Ausdruck oder Satzteil besonders betont oder hervorgehoben wird, um auf Gefühle zu wirken oder die Aufmerksamkeit in bestimmter Weise zu lenken. Dies geschieht durch besondere Satzstellung, z. B. die grammatischen Formen des Aktivs und Passivs, oder durch Rhythmus, Tonfall und Füllwörter („leider", „gottlob", „schon", „aber" etc.).[22]

Charakteristisch für Freges Wissenschaftsbegriff ist es, daß er Färbungen in der Wissenschaft eigentlich nicht zulassen will: „denn die strenge Wissenschaft ist auf die Wahrheit gerichtet und nur auf die Wahrheit".[23] Frege gibt aber zu, daß Färbungen nicht völlig vermeidbar sind. Im Hinblick auf das Definitionsproblem vertritt Frege die Auffassung, daß Färbungen hier unberücksichtigt bleiben sollten, sonst wären, so meint er, Definitionen „als falsch zu verwerfen".[24] Dies ergibt sich daraus, daß eine Übereinstimmung von Definiendum und Definiens in jeder semantischen Hinsicht, also einschließlich der Färbung, nach Frege nicht erreichbar ist. Freilich tritt dieses Adäquatheitsproblem später für Frege nur bei analytischen Definitionen auf, da synthetische Definitionen ja als willkürliche Festsetzungen nicht wahr oder falsch sein können. Die Idee der synthetischen Definitionen sollte ja gerade das Adäquatheitsproblem eliminieren. Das *scheinbare* Gelingen dieses Versuchs verbirgt sich nicht zuletzt hinter der falschen Einschätzung des Pro-

---

21 Cf. *C. Thiel: Sinn und Bedeutung in der Logik Gottlob Freges.* Meisenheim a. Glan, 1965, insb. pp. 146 ff.
22 *Der Gedanke,* loc. cit., pp. 63 f.
23 Loc. cit., p. 63.
24 *Über Begriff und Gegenstand.* Vierteljahrsschrift für wissenschaftliche Philosophie XVI (1892) pp. 192—205, p. 196, Anm.

blems der Färbung. Frege macht es sich zu einfach, wenn er diese Fragen aus der Logik in die Psychologie abschiebt. Er verkennt die Relevanz des Interesses an Worten, das sich bestimmter Worte gerade wegen ihrer Färbung annimmt, und dann auch bei den synthetischen Definitionen zum Tragen kommt. Freges Auseinandersetzung mit Hilbert hatte uns gezeigt, daß die Worte auch in den so genannten exakten Wissenschaften aus wissenschaftspolitischen Gründen nicht minder Gegenstand des pragmatischen Interesses sein können.

An den hier erläuterten Beispielen für Färbung lassen sich verschiedene Arten des pragmatischen Interesses an Worten charakterisieren. Bei Frege und Hilbert hatten wir vom Interesse an wissenschaftlichen Anschlußmöglichkeiten gesprochen. Diesem Fall entspricht von unseren Beispielen der Prädikator „Prädikator". Mit der Verwendung dieses Prädikators versichert man sich selbst gewisser terminologischer Anschluß- und Abgrenzungsmöglichkeiten. Im Falle von „Kommunist" und „Köter" liegt ein Interesse an bewertender Einordnung der Gegenstände, denen man den Prädikator zuspricht, vor. Der Unterschied beider Arten besteht darin, daß „Kommunist" im Gegensatz zu „Köter" je nach Auffassung des Prädizierenden negativ oder positiv gemeint sein kann und je nach Auffassung des Rezipienten negativ oder positiv verstanden werden kann, während wohl leicht Einigung darüber erzielt werden kann, daß „Köter" abwertend zu verstehen ist. Es besteht, so könnte man sagen, in dieser Sache kein Interessenkonflikt.

Zum Schluß dieses Kapitels soll der besondere Stellenwert des Verhältnisses von *Definition* und Interesse im Rahmen des Zusammenhangs von *Erkenntnis* und Interesse[25] bestimmt werden. Die Rolle der Definition ist hier deshalb von so großer Bedeutung, weil Definitionen die *ersten* (nicht zeitlich zu verstehen!) Schritte beim Aufbau einer Wissenschaft, der Verständigung etc. sind. Daraus ergibt sich, daß der Analyse des Verhältnisses von Erkenntnis und Interesse eine Analyse des Verhältnisses von Definition und Interesse vorangeschaltet werden muß. Die vorausgegangenen Betrachtungen mögen als Begründung für ein solches Vorgehen angesehen werden.

Im Gefolge dieses Vorgehens erscheint auch die Frage nach der „Hintergehbarkeit der Sprache"[26] in einem neuen Licht. Sie wird nämlich in die Frage

---

25 Cf. *J. Habermas: Erkenntnis und Interesse.* Frankfurt, 1968.
26 *K. Lorenz* und *J. Mittelstraß: Die Hintergehbarkeit der Sprache.* Kantstudien LVIII (1967) pp. 187—208.

nach der Hintergehbarkeit der pragmatischen Interessen bei der Einführung von Termini umformuliert werden müssen, da es, wenn die hier vorgelegten Überlegungen stichhaltig sind, keine Einführungssituation gibt, die letztlich frei von pragmatischen Interessen ist. An dieser Umformulierung wird deutlich, daß, Möglichkeiten der Einigung über Wortgebräuche aufzuzeigen, noch nicht die Frage der Hintergehbarkeit der Sprache beantwortet. Hiermit ist nur der Nachweis dafür erbracht, daß es so etwas wie Kommunikation im Sinne von „verstehen, was ein anderer meint" gibt. Sollte diese Möglichkeit bezweifelt werden, so mag es als Beweis genügen, exemplarisch eine allgemeine Strategie des sich Verständlichmachens vorzuführen und einen Skeptiker durch die Praxis des Dialogs zu widerlegen, in den er sich einlassen muß, will er seinen Zweifel ernsthaft vortragen und nicht nur als bloße Bekundung verstehen. Im Verlaufe eines solchen Dialogs haben exemplarische und terminologische Bestimmungen oder, wie wir dem üblichen Sprachgebrauch folgend sagen können, Definitionen eine ganz andere Funktion als bisher betrachtet. Sie haben selbst nur Beispielcharakter in einer transzendentalphilosophischen Argumentation, sie werden aber nicht um „wirklicher" Unterscheidungen willen aufgestellt, d. h. nicht, um im weiteren Dialog „gebraucht" zu werden. Wenn während einer solchen Argumentation durch die Angabe von Beispielen und Gegenbeispielen etwa der Prädikator „Schreibtisch" eingeführt wird, so dient dies nicht einer Rede über Schreibtische, sondern als Beispiel für Verstehen. Diese beiden Verwendungen von Definitionen müssen genau auseinandergehalten werden. Besonders bei den Hinweisdefinitionen und denotativen Definitionen besteht die Möglichkeit zur Verwechslung, da sie nicht nur bevorzugt als Beispiele in einer antiskeptischen Argumentation verwendet werden können, sondern außerdem durch die Angabe von Beispielen (und Gegenbeispielen) definieren.

Eine denotative Definition eines Prädikators ist 1. die nicht notwendig vollständige Aufzählung der Gegenstände, denen der Prädikator zukommt, 2. die nicht notwendig vollständige Aufzählung der Unterklassen der Klasse der Gegenstände, denen der Prädikator zukommt. So kann z. B. der Prädikator „Mensch" denotativ definiert werden 1. durch die Aufzählung menschlicher Individuen und 2. durch die Aufzählung von Sorten von Menschen. Geschieht die Aufzählung im ersten Fall nicht durch verbale Nennung der Beispiele, sondern durch Ausführung hinweisender Gesten, so liegt eine Hinweisdefinition, auch „ostensive Definition" genannt, vor.

Wenn wir der transzendentalphilosophischen Argumentation für die Möglichkeit des „Verstehens, was ein anderer meint" zustimmen, so ist damit nur ein Teil der Frage nach der Hintergehbarkeit der Sprache beantwortet. Die Schwierigkeit entsteht dann, wenn über das Verstehen des Wortgebrauchs eines anderen hinaus, *Einigung* über den *gemeinsamen* Wortgebrauch erzielt werden soll. In diesem Fall muß überprüft werden, inwieweit mit einer solchen Einigung implizit eine Einigung über pragmatische Interessen verbunden ist. Deshalb gilt es, die den Einigungsvorschlägen zugrunde liegenden pragmatischen Interessen jeweils explizit zu machen und gegebenenfalls zu kritisieren, da sonst die Einigung nur scheinbar ist oder gar der Verschleierung der *unterschiedlichen* Interessen im Interesse eines *einzelnen* oder einer Gruppe dient. Die Hintergehbarkeit der Sprache ist also letztlich nur möglich über eine Kritik von pragmatischen Interessen. In der Regel wird dies darauf hinauslaufen, daß Einigungen über Wortgebräuche nur zustande kommen auf der Basis eines *gemeinsamen* pragmatischen Interesses. Ob und wie eine solche Basis gewonnen werden kann, ist zwar nicht Thema dieser Untersuchung; da aber die Möglichkeit einer solchen Basis eng mit dem Definitionsproblem zusammenhängt, sollen im anschließenden Kapitel u. a. die Schwierigkeiten untersucht werden, die sich hierfür bereits unter definitionstheoretischem Aspekt ergeben.

Man könnte versucht sein, sich eines gemeinsamen pragmatischen Interesses in einer gemeinsamen Praxis des Redens (= Beratens/Dialogs) und Handelns jeweils und dauernd selbst vergewissern zu wollen. Allerdings muß sich eine solche Praxis immer erst als herrschaftsfrei etc. ausweisen, um das beanspruchen zu können, was sie vorgibt zu sein; denn es könnte auch eine Form der bewußten oder unbewußten Verschleierung sein, einen idealen Zustand zu antizipieren, ohne daß er faktisch besteht. Der Hinweis auf eine gemeinsame Praxis besagt in solchen Fällen nicht mehr, als daß die Herrschaft funktioniert. Um diesen Aspekt hervorzuheben, können wir das Definitionsproblem über unsere ursprüngliche Einteilung hinaus nun auch als *Verständigungs*problem betrachten.

5. Das Problem der Definierbarkeit von Reflexionstermini: Über die Möglichkeit praktisch-philosophischer Argumentation

5.1 Die Antwort der Tradition

Daß bestimmte Arten von Ausdrücken nur durch bestimmte Definitionsarten einführbar sind, ist vor allem in den neueren Definitionstheorien vertreten worden. Mit den Gebrauchsdefinitionen, impliziten Definitionen etc. wurden einige Beispiele für solche Definitionsarten genannt. Freges Auszeichnung der expliziten Definitionen und Kritik aller anderen Arten hat viel für sich, seine Bedenken haben sich z. T. auch bestätigt[1], allerdings muß man berücksichtigen, daß Frege vorwiegend den terminologischen Aufbau der Mathematik im Auge hatte. Sieht man sich aber hier bereits gezwungen, zur Einführung der Zahlen von expliziten Definitionen zu induktiven überzugehen, die als Konstruktionsvorschriften von den expliziten Definitionen völlig verschieden sind[2], so werden beim Übergang zu anderen Bereichen die Schwierigkeiten um vieles größer. Wenn wir darauf hingewiesen haben, daß die unterschiedliche Bewertung verschiedener Definitionsarten von unterschiedlichen Erkenntnisinteressen abhängig ist, so können wir nun hinzufügen, daß solche Beurteilung z. T. auch Auskunft darüber gibt, auf welche terminologischen Bereiche sich das Erkenntnisinteresse erstreckt. Mitunter erweist es sich deshalb als notwendig, Definitionsarten zuzulassen, die man ablehnen würde, müßte man nicht bestimmte terminologische Bereiche dann unerschlossen lassen. Vor allem Termini der Reflexionsebene, kurz „Reflexionstermini" genannt, bedürfen hier besonderer Beachtung.

Unter „Reflexionstermini" seien solche Termini verstanden, mit denen das Reden und Handeln der Menschen kritisch beurteilt wird.

---

1 Cf. *F. v. Kutschera: Freges Definitionslehre;* in: ders.: *Elementare Logik.* Wien, New York, 1967, pp. 354—378.
2 *W. Kamlah* und *P. Lorenzen:* Logische Propädeutik. Rev. Ausg., Mannheim, 1967, pp. 224 f.

Es dürfte klar sein, daß längst nicht alle emotiven Termini auch Reflexionstermini sind, z. B. „Köter"[3] nicht, daß aber Reflexionstermini mehr oder weniger emotiv sind. Außerdem gehören Reflexionstermini weitgehend der Bildungssprache an. Bildungssprache aber wird häufig zur bildungssprachlichen Manipulation verwendet. F. Kambartel hat deshalb vorgeschlagen, „die vorwiegend bildungssprachliche Rede zu verlassen, um zu verständigungsdienlicher Rede überzugehen".[4] Dieser Aufforderung kann allerdings nur so weit nachgekommen werden, als dadurch das Unternehmen z. B. einer praktischen Philosophie nicht unmöglich gemacht wird; denn deren Termini sind Reflexionstermini und damit auch zu bildungssprachlicher Manipulation verwendbar. Es wird also nicht nur darauf ankommen, Bildungssprache zu vermeiden, sondern bestimmte ihrer Termini so einzuführen, daß sie der verständigungsdienlichen Rede zugerechnet werden können.[5]
Faktisch ist es so, daß in jedem Bereich menschlicher Interaktion Reflexionstermini angewandt werden, praktisch-philosophische Argumentation jedoch wird allererst *möglich,* wenn die Einführung bestimmter Reflexionstermini (z. B. „vernünftig", „gut", „gerechtfertigt", „begründet", etc.) als gelungen betrachtet werden kann. Eine Untersuchung der Definierbarkeit von Reflexionstermini ist deshalb auch eine Untersuchung über die Möglichkeit praktisch-philosophischer Argumentation. Warum ist es so schwierig, in diesem Bereich Unterscheidungen zu treffen und Definitionen aufzustellen? Ist es überhaupt möglich?
Die Tradition hat auf diese Fragen relativ selbstsichere Antworten parat gehabt. Undefinierbar waren danach nur die einfachen Termini, und „Wortstreitigkeiten" waren nur ein Indiz dafür, daß man mit den Definitionen noch nicht weit genug gekommen war, ja, sie waren Anlaß, immer wieder auf die Bedeutung der Definitionen als Mittel der Klärung des Wortgebrauchs hinzuweisen. Einer der größten Optimisten in dieser Hinsicht war Leibniz, der mit seiner Überzeugung tatsächlich Ernst machte und ein aus Definitionen bestehendes Wörterbuch anzulegen versuchte[6], um allen Streit ein für allemal zu beenden. Wenn wir uns hier, der Tradition folgend, auf das

---

3 Cf. pp. 93 f.
4 *F. Kambartel: Bemerkungen zur bildungssprachlichen Manipulation.* Manuskript, Konstanz.
5 So auch *B. Badura: Sprachbarrieren.* Stuttgart, 1971, p. 160.
6 Cf. *A. Trendelenburg: Ueber das Element der Definition in Leibnizens Philosophie;* in: ders.: *Historische Beiträge zur Philosophie,* III. Bd. Berlin, 1867, pp. 48—62, insb. pp. 54 ff.

Definitionsproblem bei *Termini*, die Tradition spricht von „Ideen" und „Begriffen" konzentrieren, so wäre dies im Rahmen einer Gesamtdarstellung natürlich unzureichend; aber für die hier behandelte Fragestellung besteht keine gravierende Beschränkung.

In der traditionellen Definitionslehre werden Termini durch das auf Platon zurückgehende Verfahren der Angabe von genus proximum und differentia specifica definiert. Wenn man genus proximum und differentia specifica selbst wiederum nach diesem Verfahren definiert usw., kommt man, so war die Ansicht, schließlich auf die allgemeinsten nicht weiter bestimmbaren Termini. Da diese Art der Bestimmung einer Zerlegung gleichkommt, wurden diese Termini dann auch „unzerlegbar" oder „einfach" genannt. Leibniz und andere wiesen darauf hin, daß eine Unterscheidung von genus proximum und differentia specifica wegen ihrer Vertauschbarkeit eigentlich nicht berechtigt sei; ob man bei der Definition von „Mensch" nun „Lebewesen" als genus proximum und „vernünftig" als differentia specifica betrachten würde oder umgekehrt, sei letztlich gleichgültig. Man könne statt „vernünftiges Lebewesen" ebensogut „lebendiges Vernunftwesen" sagen. Deshalb faßte man dann genus proximum und differentia specifica als gleichberechtigte „Ideen", „Merkmale" etc. auf, in die Ideen oder Begriffe durch Analyse zerlegt würden, bzw. aus denen durch Synthese komplexere Ideen oder Begriffe zusammengesetzt würden. Die Definition bereits verwendeter Begriffe bestand dann in einer Analyse. Die Antwort auf die Adäquatheitsfrage schien man eher in der genauen Durchführung von Analysen, denn als Interessenproblem zu sehen. So formuliert z. B. Leibniz: „wird also die Analysis bis ans letzte Ende durchgeführt, dann ist die Erkenntnis [der Begriffe, der Verf.] *adäquat*".[7] Immerhin schränkt er sein Kriterium selbst durch die Bemerkung ein, daß es für die Menschen vielleicht kein vollkommenes Beispiel der Adäquatheit gebe. Andererseits ist es auch schwierig, Leibniz direkt nachzuweisen, daß sein Kriterium unzureichend ist; denn man kann nur für vorgelegte Analysen zeigen, daß sie nicht adäquat sind, wobei dieser Nachweis dann immer als Aufforderung verstanden werden könnte, die Analyse zu verbessern.

Meistens hat sich die Tradition damit beschieden, die Adäquatheitsfrage

---

7 Leibniz: *Betrachtungen über die Erkenntnis, die Wahrheit und die Ideen* (Meditationes de Cognitione, Veritate et Ideis). Philosophische Schriften, hg. v. *C. J. Gerhardt*, IV, pp. 422–426, p. 423. Dt. Übers.: Hauptschriften zur Grundlegung der Philosophie I, hg. v. *E. Cassirer*. Hamburg, 1966, pp. 22–29, p. 24.

so einzuschränken, daß nicht die *vollständige* Analyse gefordert wird, sondern nur die *Beurteilung* der einfachen Analyse, d. h. der Zerlegung in Merkmale ohne die weitere Zerlegung auch dieser Merkmale. Die Beurteilung solcher Analysen sollte feststellen, ob der Begriff durch sie in distinkte (deutliche), d. h. voneinander unterscheidbare Merkmale zerlegt würde. Außerdem wurde von Begriffen *Klarheit* gefordert, d. h. Wiedererkennbarkeit, so daß die Begriffe nicht mit anderen Begriffen verwechselt werden. Den Zusammenhang zwischen beiden Forderungen stellte man so dar, daß Definitionen klare Begriffe durch Analyse in deutliche zu überführen hätten.[8] Vor allem Leibniz hat sich um eine Unterscheidung von klaren und deutlichen Begriffen (Ideen) bemüht, auf die wir noch zurückkommen werden.

Die traditionelle Definitionslehre hat den Mangel, daß sie nicht die Interessenproblematik mitberücksichtigt — und wohl auch noch nicht mitberücksichtigen konnte. Dies ist erst möglich, nachdem uns vor allem die Sprachphilosophie seit Herder den Blick für die „Macht des Wortes" geöffnet hat. Zwar wurde die Bedeutung sprachlicher und anderer Zeichen für das Denken meist anerkannt; aber dieses Zugeständnis wurde erkenntnistheoretisch wieder rückgängig gemacht. „Namen" wurden entweder „realistisch" aufgefaßt als Zeichen für Dinge (Mill[9]) bzw. als Zeichen für Dinge abbildende Ideen (Hobbes[10], mit Einschränkung Leibniz) oder „idealistisch" als Zeichen für Ideen, über deren Herkunft man in positivistischer Selbstbeschränkung nichts mehr ausmachte (Hume), bzw. deren Herkunft man bei Leugnung materieller Dinge Gott zuschrieb (Berkeley). Zwar kritisierte man Sprachverwirrungen, „Mißbrauch von Worten" genannt; aber deren Aufhebung sah man in einem Aufweis der Ideen und ihrer Herkunft bzw. des Zusammenhangs von Namen und Dingen. Wenn man sich nur klar würde, welche Ideen (Dinge) man mit welchen Worten bezeichnete, so wären diese Probleme gelöst. Wörter würden nur, wie sich Leibniz ausdrückt, „für die Ideen selbst"[11] zum Zwecke der Abkürzung verwendet. Den Streit um Worte hielt man so für vermeidbar, ohne seine wirklichen Gründe aufzuzeigen. Eine weitere Klärung soll nun durch den Versuch unternommen werden, das Begriffspaar „klar und deutlich" der traditionellen Definitionslehre zu rekonstruieren.

---

8 So noch sehr pointiert bei *H. Lotze: Logik*, hg. v. *G. Misch.* Leipzig, 1912, § 168.
9 *J. St. Mill: System of Logic*, Buch I, Kap. II, § 1.
10 *Th. Hobbes: De corpore*, Teil I, Kap. 2, Abschn. 4 f.
11 *Leibniz:* loc. cit.

5.2 Das Begriffspaar „klar und deutlich" und die Rolle der Beispiele

Die im letzten Abschnitt nur angedeutete Unterscheidung von klaren und deutlichen Ideen (Begriffen) ist insofern terminologisch problematisch, als vor allem die Rede von Ideen und der ihr zugrundeliegende Gedanke der Abbildung problematisch ist. Deshalb wollen wir hier lieber von „klaren und deutlichen Prädikatoren" sprechen. Es mag zwar möglich sein, auch die Rede von „Ideen" zu rekonstruieren, für „Begriff" liegt bereits ein Vorschlag vor[1], aber hierauf soll es nicht ankommen.

Unter Rückgriff auf die Terminologie der *Logischen Propädeutik*, können wir „klare Prädikatoren" solche nennen, die in einer stilisierten Lehr- und Lernsituation so durch die Angabe von Beispielen und Gegenbeispielen eingeführt sind, daß dieselben und weitere Beispiele und Gegenbeispiele für sie wiedererkennbar sind. Dies entspricht der Forderung der Tradition nach Wiedererkennbarkeit bei klaren Ideen, sowie der Angabe (z. B. Leibnizens), daß wir klare Ideen nur durch Beispiele kennen.[2] Von „Gegenbeispielen" ist dort allerdings noch nicht die Rede. Die Wiedererkennbarkeit läßt sich dann weiter so verstehen, daß der Prädikator richtig zu- und abgesprochen werden kann, d. h. die Reihe der Beispiele und Gegenbeispiele von dem Lernenden selbständig fortgesetzt werden kann. Mit anderen Worten: Die Klarheit der Prädikatoren ist ihre Lehr- und Lernbarkeit, sofern sie durch Beschränkung auf die Angabe von Beispielen und Gegenbeispielen erlangt werden kann. Drückt die Rede von den klaren Ideen ein Verhältnis der Ideen zu dem erkennenden Subjekt aus, wie die Tradition es nennt, so läßt sich dies in unserer Terminologie verstehen als die Rede von einer Fähigkeit des Menschen.

Das richtige Zu- und Absprechen von Prädikatoren erlaubt zunächst nur ein Unterscheiden zwischen Beispielen und Gegenbeispielen für Prädikatoren. Erst wenn wir ein konkretes Beispiel a für P haben, das Gegenbeispiel für Q ist, können wir Prädikatoren unterscheidend zu *gebrauchen* beginnen. Der nächste Schritt geschieht, wenn wir zu Prädikatorenregeln übergehen, vor allem zu solchen der Art '$x \, \varepsilon$ grün $\Rightarrow x \, \varepsilon'$ rot'. Soweit bewegen wir uns

---

1 Cf. u. a. *K. Lorenz* und *J. Mittelstraß: Die Hintergehbarkeit der Sprache.* Kantstudien LVIII (1967) pp. 187–208.
2 *Leibniz: Nouveaux essais sur l'entendement humain.* Philosophische Schriften, hg. v. *C. J. Gerhardt*, V, p. 237. Dt. Übers., hg. v. *E. Cassirer.* Hamburg, 1971, p. 273.

noch im Rahmen der Rekonstruktion der traditionellen Redeweise von *klaren* Begriffen und Ideen.

Von der „Deutlichkeit eines Prädikators" können wir dann sprechen, wenn eine Doppelpfeilregel der Art $'x \, \varepsilon \, P \Leftrightarrow A\,(x)'$ für ihn vorliegt, d. h. wenn das Aufstellen von Prädikatorenregeln für ihn „abgeschlossen"[3] ist. Dies entspricht der Terminologie der Tradition, klare Begriffe „deutlich" zu nennen, wenn für sie eine Zerlegung in klare Merkmale gelungen ist. Im Rahmen dieser Rekonstruktion würde dann zwischen „klar" und „deutlich" ein gradueller Unterschied bestehen. Ein deutlicher Prädikator wäre insbesondere immer ein klarer Prädikator, ganz im Sinne der Tradition. Bei Bolzano heißt es z. B. „Jede deutliche Vorstellung muß auch zugleich klar seyn [...]"[4], und Leibniz sieht in dem *deutlich* einen größeren Vollkommenheitsgrad als in dem *klar*.[5]

Die umgekehrte Richtung, daß klare Begriffe zugleich deutlich sein müssen, wird von der Tradition nicht gefordert. Diese Einsicht können wir rekonstruierend damit verstehbar machen, daß die Lehr- und Lernbarkeit von Prädikatoren auch ohne die Vorlage von Doppelpfeilregeln gelingt.

Für die „einfachen Begriffe" trifft die Tradition außerdem eine sinnvolle Sonderregelung, die wir übernehmen wollen. Farbprädikatoren z. B. können wir durch Beispiele und Gegenbeispiele einüben und außerdem Prädikatorenregeln für sie aufstellen wie $'x \, \varepsilon \, \text{rot} \Rightarrow x \, \varepsilon' \, \text{grün}'$. Wir haben für sie aber keine Doppelpfeilregeln zur Verfügung, jedenfalls nicht, solange wir die Farbprädikatoren intensional verstehen wollen und sie nicht über die Wellenlänge bestimmen. Allerdings lassen sich für einfache Prädikatoren Doppelpfeilregeln aufstellen, wenn man Übersetzungen zuläßt, z. B. $'x \, \varepsilon \, \text{grün} \Leftrightarrow x \, \varepsilon \, \text{green}'$. Wir schließen diese Fälle aus, indem wir einschränkend sagen, daß für einfache Prädikatoren keine Doppelpfeilregeln mög-

---

3 W. *Kamlah* drückt sich in der *Logischen Propädeutik* (p. 78) so aus. Die Kritik dieser Ausdrucksweise (cf. oben p. 74) bezieht sich nur auf den dortigen Kontext.
4 B. Bolzano: *Wissenschaftslehre*, III. Bd., p. 41. Cf. auch W. T. *Krug: Allgemeines Handwörterbuch der philosophischen Wissenschaften*, II. Bd., Leipzig, 1827, p. 539.
5 So auch *Kant: Logik (Jäsche)*. Akad. Ausg., IX, pp. 61 f. Der Rekonstruktionsversuch der Rede von „klar und deutlich" bei Descartes durch O. *Schwemmer (Philosophie der Praxis*. Frankfurt, 1971, pp. 64 ff.) ist m. E. nicht ergiebig. Vor allem wird auf eine Unterscheidung zwischen „klar" und „deutlich" verzichtet.

lich sind, deren rechte Seite einer Merkmalzerlegung entsprechen würde, wie z. B. in '$x \, \varepsilon$ Mensch $\Leftrightarrow x \, \varepsilon$ Lebewesen $\wedge \, x \, \varepsilon$ vernünftig'. Da man solche einfachen Prädikatoren wegen ihrer Unzerlegbarkeit als zerlegt betrachten kann, hat die Tradition sie als Sonderfall der deutlichen betrachtet, so daß bei ihnen die Klarheit die Deutlichkeit impliziert. So formuliert Bolzano: „*Deutlich* in dieser weiteren Bedeutung heißt mir sonach jede Vorstellung, von der wir anzugeben wissen, ob sie aus keinen, oder aus welchen Theilen sie bestehe".[6] Abgesehen von diesem Sonderfall impliziert, so sei noch einmal gesagt, die Klarheit nicht die Deutlichkeit.

Wir wollen nun, auf die Umkehrung dieser Implikation zurückkommen, untersuchen, ob man entgegen der hier rekonstruierten Auffassung der Tradition der Redeweise von „deutlich" auch einen Sinn geben kann, ohne daß hiermit die Rede von „klar" impliziert ist. Entsprechend unserer bisherigen terminologischen Vorschläge wäre es hierzu erforderlich, entweder die Verwendung von Doppelpfeilregeln und damit auch von Prädikatorenregeln zuzulassen, ohne daß vorher Beispiele für die in ihnen vorkommenden Prädikatoren angegeben werden müßten, oder, wie wir bereits zu bedenken gegeben haben, die Bestimmung von „Definition" anders zu fassen als in der *Logischen Propädeutik* geschehen. Betrachten wir z. B. den von F. Kambartel gemachten Versuch, „vernünftig", bzw. „rational" als Eigenschaft von Dialogen terminologisch zu bestimmen durch „unvoreingenommen", „zwanglos" und „nicht persuasiv" in der Weise, daß „ein Dialog rational heißen soll [...] genau dann, wenn er unvoreingenommen, zwanglos und nicht persuasiv ist".[7] Die Frage ist dann, ob diese Bestimmung zu interpretieren ist als Doppelpfeilregel '$x \, \varepsilon$ vernünftig $\Leftrightarrow x \, \varepsilon$ unvoreingenommen $\wedge \, x \, \varepsilon$ zwanglos $\wedge \, \neg \, (x \, \varepsilon$ persuasiv$)$' oder als Definition '$x \, \varepsilon$ vernünftig $\Leftrightarrow x \, \varepsilon$ unvoreingenommen $\wedge \, x \, \varepsilon$ zwanglos $\wedge \, \neg \, (x \, \varepsilon$ persuasiv$)$'. Interpretiert man Definitionen lediglich als Abkürzungen, bei denen Adäquatheitsfragen keine Rolle spielen sollen, so kommt für „vernünftig" die obige Definition wie jede andere nicht in Frage. Nicht nur ist „vernünftig" bereits ein häufig verwendeter Ausdruck der Bildungssprache, sondern darüber hinaus auch ein Reflexionsterminus von erheblich emotiver Bedeutung. Soll „vernünftig" aber durch die entsprechende Doppelpfeilregel eingeführt

---

6 Bolzano: loc. cit. Cf. ferner *Leibniz: Meditationes de Cognitione, Veritate et Ideis*. Gerhardt IV, p. 423.

7 F. Kambartel: *Ethik und Mathematik;* in: Rehabilitierung der praktischen Philosophie, Bd. I, hg. v. M. Riedel. Freiburg, 1972, pp. 489—503, p. 500.

werden, so müßten wir Beispiele für „vernünftig" zur Verfügung haben. Außerdem müßten wir auch Beispiele für die auf der rechten Seite des Doppelpfeils vorkommenden Ausdrücke „unvoreingenommen", „zwanglos" und „persuasiv" haben. Letzteres gilt selbst dann, wenn man „vernünftig" durch die entsprechende Definition bestimmen wollte. In diesem Fall könnten die Ausdrücke des Definiens zwar auch durch Definitionen eingeführt worden sein, aber es würde dann der gleiche Einwand wie bei der Definition von „vernünftig" gelten. Die weiteren Bestimmungen von F. Kambartel seien hier kurz genannt:

> „Ein *Dialog* heiße *unvoreingenommen* genau dann, wenn alle Beteiligten bereit sind, für diese Bemühung die (Vor-)Orientierungen ihres Handelns sämtlich in Frage stellen zu lassen, für die eingeleitete Bemühung also auf Verlangen erst einmal auszuklammern, bis sie gegebenenfalls erneut oder modifiziert wieder als gemeinsame Orientierung erarbeitet sind. [...] — *Zwanglos* heiße weiter ein Dialog, in dem keine sanktionsbedingten Redehandlungen des Gebens oder Verweigerns von Zustimmungen vorkommen. — Schließlich sei ein Dialog *persuasiv* [...] genannt genau dann, wenn darin das Geben oder Verweigern einer Zustimmung durch den wider besseres Wissen erfolgenden Appell an fraglos hingenommene Vororientierungen gewonnen wird."[8]

Für die in diesen Bestimmungen verwendeten (relevanten) Ausdrücke gilt nun, daß sie nicht durch Beispiele und Gegenbeispiele im üblichen Sinne einführbar sind, weil zumindest die Beispiele für die positiv wertenden Ausdrücke bzw. die Gegenbeispiele für die negativ wertenden Ausdrücke nicht ohne weiteres (vielleicht überhaupt nicht) bereitgestellt werden können.[9] Es kann zwar auch sonst vorkommen, daß wir Beispiele „mal gerade" nicht zur Verfügung haben, nämlich wenn wir etwa in einer Wüste den Prädikator „Baum" exemplarisch einführen wollen, aber wir können ein Verfahren angeben, diese Forderung einzulösen, z. B. die nächste Oase aufzusuchen. Anders bei den genannten „ethischen" Reflexionstermini. Hier wird zwar auch und vielleicht gerade die Bedeutung von Beispielen betont, aber in einem ganz anderen Sinne. „Beispiel geben" meint hier durch „beispielhaftes Verhalten überzeugen", hat aber mit der Einführung von Termini nichts zu tun, sondern mit der Glaubwürdigkeit des eigenen Verhaltens oder ähnlichem. Wenn im Neuen Testament „Barmherzigkeit" durch den barmherzigen Samariter exemplifiziert wird und im Mittelalter die so genannte „Beispieldichtung" im Anschluß an die biblische Tradition eine eigene literarische

---

8 Ibid.
9 Eine ähnliche Überlegung findet sich bei O. *Schwemmer:* loc. cit., pp. 50 f.

Gattung darstellte, so sind all diese Bemühungen von der Einführung von Prädikatoren durch Beispiele und Gegenbeispiele grundlegend verschieden, da es sich bei ihnen um die Beschreibung idealtypischer Situationen bzw. Verhaltensweisen handelt, für die wir nur antizipatorisch ein Verfahren angeben können, sie auch zu realisieren, deren Realisation wir uns aber nicht vergewissern können.[10]
Wir müssen uns davor hüten, den idealtypischen Charakter dessen, was positiv wertende Reflexionstermini beschreiben, zu verwechseln mit den Idealisierungen in Geometrie, Physik etc. Termini wie „Ebene", „starrer Körper" etc. antizipieren keinen besseren Zustand der Welt. Ihre Realisierungen sind zwar auch mehr oder weniger gelungen in bezug auf ein Ideal, dieses Ideal ist aber technischer Art. So lassen sich bessere von schlechteren Idealisierungen eindeutig unterscheiden, und zu jeder Realisierung ist durch Verfeinerung der Meßmethoden eine bessere Realisierung herstellbar. Kurz gesagt: technische Ideale (Ideen) sind operationalisierbar. Damit ist auch die Rede von „Beispielen" in technischen Zusammenhängen einführbar. Beispiele sind die nach Maßgabe des Interesses an technischer Verfügbarkeit als gelungen zu betrachtenden Realisierungen, d. h. Beispiele sind solche Realisierungen, die für einen bestimmten technischen Zweck hinreichend genau sind. So wird man z. B. bei Backsteinen nicht die Unebenheiten der Flächen zu beseitigen versuchen, da die grobe Quaderform für Bauzwecke ausreicht.
Anders bei positiv wertenden Reflexionstermini, die Ideale im praktisch-philosophischen Sinne markieren. Ob eine Realisierung und damit ein Beispiel für eine ideale Situation, z. B. für Herrschaftsfreiheit oder Unverzerrtheit vorliegt, kann nicht, wie bei den Idealen im technischen Sinne, im Rahmen einer zweckrationalen Überlegung *entschieden* werden, auch ist der Prozeß des immer besser Realisierens hier nicht operationalisierbar. So läßt sich die Frage, ob eine Situation, z. B. Kommunikationssituation, heute unverzerrter als gestern ist, nicht durch Anwendung von hinreichend genauen Meßmethoden beantworten, sondern nur durch vergleichende Interpretation und Rekonstruktion von Rede und Verhalten der Beteiligten, also wiederum in Reflexionstermini. Außerdem stellt sich dann die weitere Frage, ob ein eventuell erzielter Konsensus in der Beurteilung zweier Situationen selbst den Bedingungen genügte, auf die hin er die beiden Situationen verglichen hat. Es kann z. B. sein, daß eine Situation nur durch Ausübung von Herrschaft für

---

10 Insofern ist *P. Lorenzens* Analogie in *Normative Logic and Ethics* (Mannheim, 1969), p. 51 verfehlt.

herrschaftsfreier gehalten wird als eine andere. Wir befinden uns, so können wir formulieren, nicht im Bereich technischer Verfügbarkeit, sondern kritischer Reflexion auf unsere (des Menschen) Praxis des miteinander Redens und Handelns, und diese Reflexion geschieht in ihren wesentlichen Teilen mit Hilfe von Reflexionstermini.

Unter einem anderen Gesichtspunkt, nicht dem der Definitionsproblematik, finden sich ähnliche Überlegungen bei J. Habermas[11], allerdings ist bei ihm die Trennung beider Arten von Idealen nicht klar. So unterscheidet er zwar einen „theoretischen Diskurs" von einem „praktischen Diskurs"[12], aber außerdem formuliert er die folgende mißverständliche Parallele: „Der Idealisierung der Natur unter dem Gesichtspunkt der Meßbarkeit bewegter Körper entspricht die Idealisierung der Menschenwelt durch Imputation reinen kommunikativen Handelns."[13]

Was die von mir verwendete Terminologie betrifft, so deckt sich eventuell, was ich aber nicht überprüfen will, die Rede von der „kritischen Reflexion auf unsere Praxis des miteinander Redens und Handelns" mit einer möglichen Rede von „lebenspraktischer Verständigung im Zeichen emanzipatorischen Interesses". In dieser Rede wären freilich zwei Bereiche miteinander verbunden, die Habermas selbst trennt[14] und auf deren Verbindung es mir in diesem Zusammenhang ankommt. Da ich mich nicht auf längere Erläuterungen oder Rekonstruktionen des Sprachgebrauchs von Habermas einlassen will, habe ich stattdessen vorsichtshalber eine andere Terminologie gewählt, die Rede von „technischer Verfügbarkeit" aber als unmittelbarer verstehbar übernommen.

Nach diesen Überlegungen können wir nun zusammenfassen, daß sowohl Doppelpfeilregeln als auch Definitionen, wenn man sie so erklärt, wie es die

---

11 *J. Habermas: Vorbereitende Bemerkungen zu einer Theorie der kommunikativen Kompetenz;* in: *J. Habermas* und *N. Luhmann: Theorie der Gesellschaft oder Sozialtechnologie.* Frankfurt, 1971, pp. 101—141.
12 Loc. cit., p. 130: „Der praktische Diskurs selbst zielt [im Unterschied zum theoretischen, d. Verf.] auf gerechtfertigte Empfehlungen und Warnungen, also auf überzeugende Rechtfertigungen und nicht auf wahre Behauptungen."
13 Loc. cit., p. 128.
14 Von der Intention her, stimmt der Sprachgebrauch von Habermas wohl mit dem hier vorliegenden überein: „Technisches und praktisches Erkenntnisinteresse können erst aus dem Zusammenhang mit dem emanzipatorischen Erkenntnisinteresse der vernünftigen Reflexion *als* erkenntnisleitende Interessen [...] begriffen werden." *Erkenntnis und Interesse.* Frankfurt, 1968, p. 244.

Logische Propädeutik — sagen wir vorsichtshalber — nahelegt, im Grunde keine sinnvolle Interpretation der Bestimmung von Reflexionstermini zulassen. Deren Einführung, daran lassen die Autoren wiederum keinen Zweifel, ist aber gerade das erklärte Ziel des „vernünftigen Redens". So wird logische Propädeutik als „logische Vorschule" einer „praktischen Hauptschule", d. h. der praktischen Philosophie incl. Ethik apostrophiert.[15] Angesichts der unhaltbaren Alternative von Definitionen und Doppelpfeilregeln bleibt nur die Möglichkeit, diese Unterscheidung anders zu treffen oder eine dritte Möglichkeit anzubieten. Erstens könnte man Doppelpfeilregeln zulassen, auch wenn die in ihnen vorkommenden Prädikatoren nicht bereits durch Beispiele und Gegenbeispiele eingeführt sind, zweitens könnte man Definitionen zulassen, auch wenn Adäquatheitsnachweise erforderlich sind.

Holen wir noch einmal etwas weiter aus und überlegen uns, welche relevanten Kombinationsmöglichkeiten es im Rahmen von symmetrischen terminologischen Bestimmungen gibt. Wir haben festzustellen, in welcher Weise *der* Prädikator auf der linken Seite und *die* Prädikatoren auf der rechten Seite als bestimmt zu denken sind und ob Adäquatheit vorzuliegen hat. „Linke Seite" und „rechte Seite" sollen, wie allgemein üblich und hier durch die Verwendung des bestimmten Artikels einmal im Singular und einmal im Plural angezeigt, so bestimmt sein, daß links der kürzere Ausdruck („Definiendum") und rechts der längere Ausdruck („Definiens") steht. Übersetzungs- bzw. Synonymitätsregeln, dargestellt durch Doppelpfeilregeln, deren beide Seiten „einfach" sind ($x \, \varepsilon \, P \Leftrightarrow x \, \varepsilon \, Q$), werden damit von der Betrachtung ausgeschlossen.

Die in der *Logischen Propädeutik* vorgesehenen Fälle von Doppelpfeilregel, deren rechte Seite zusammengesetzt ist, und Definition lassen sich dann folgendermaßen charakterisieren:

Doppelpfeilregel

1. Der Prädikator der linken Seite muß (mindestens) exemplarisch bestimmt sein. Er darf außerdem durch *weitere* Prädikatorenregeln bestimmt sein, d. h. durch Prädikatorenregeln, die nicht schon aufgrund der Doppelpfeilregel selbst gelten.
2. Die rechte Seite läßt noch Fragen offen. Wir haben bisher aus Gründen der Analogie zu Prädikatorenregeln angenommen, daß die Prädikatoren der

---

15 Cf. *W. Kamlah* und *P. Lorenzen: Logische Propädeutik*, p. 234.

rechten Seite exemplarisch bestimmt sein müssen (und durch weitere Prädikatorenregeln bestimmt sein dürfen). Zumindest bei einfachen Prädikatorenregeln $(x \, \varepsilon \, P \Rightarrow x \, \varepsilon \, Q)$ geht die *Logische Propädeutik* davon aus, daß Prädikatoren „zunächst exemplarisch eingeführt wurden"[16], bevor sie durch Prädikatorenregeln terminologisch bestimmt werden. Ob dies aber auch für Prädikatorenregeln gelten soll, deren eine Seite logisch zusammengesetzt ist, bleibt offen; außerdem kann man sich sogar fragen, warum es nicht auch bei einfachen Prädikatorenregeln zulässig sein soll, daß die jeweiligen zwei Prädikatoren nicht bereits exemplarisch bestimmt sind. F. Kambartel sieht neuerdings diesen Fall vor, indem er nur an den Ausgangsprädikator *P* einer Kette von Prädikatorenregeln *(x ε P ⇒ x ε Q; x ε Q ⇒ x ε R;* etc.) die Forderung der exemplarischen Bestimmtheit stellt.[17] Es empfiehlt sich freilich, Prädikatorenregeln, deren Prädikatoren exemplarisch bestimmt sind, von solchen, bei denen das nicht der Fall ist, sowie Mischformen, auch terminologisch und typographisch zu unterscheiden. Sieht man hiervon einmal ab, so könnte man, den Vorschlag F. Kambartels aufgreifend, die rechte Seite einer Doppelpfeilregel dadurch charakterisieren, daß von den dort vorkommenden Prädikatoren nicht verlangt wird, daß sie exemplarisch, wohl aber, daß sie durch Prädikatorenregeln oder Definitionen[18] bestimmt sind.
3. Doppelpfeilregeln müssen Adäquatheitsbedingungen genügen.

Definition
1. Der Prädikator der linken Seite darf nicht exemplarisch bestimmt sein.
2. Für die rechte Seite gilt dasselbe wie bei Doppelpfeilregeln.
3. Adäquatheitsbedingungen entfallen, da Definitionen (nach Lorenzen) nur abkürzen sollen.

---

16 Loc. cit., p. 215. Vergleichsweise sagt *P. Lorenzen* auch in *Methodisches Denken* (Frankfurt, 1968), p. 34: „Durch Regeln wird der Gebrauch von exemplarisch eingeführten Prädikaten näher bestimmt."
17 *F. Kambartel: Zur Rede von „formal" und „Form" in sprachanalytischer Absicht.* Neue Hefte für Philosophie I (1971) pp. 51–67. Dort heißt es p. 53: „Bei der Aufstellung terminologischer Regeln [gemeint sind Prädikatorenregeln, d. Verf.] muß gesichert werden, daß der durch terminologische Regeln ermöglichte definitorische Regreß nach endlich vielen Schritten bei einem exemplarisch eingeführten Prädikator endet."
18 Bei dieser Interpretation der Doppelpfeilregeln besteht kein Grund mehr, Definitionen zur Bestimmung der Prädikatoren der rechten Seite von Doppelpfeilregeln auszuschließen, wie wir es p. 104 noch tun mußten.

Diese Formulierung des Unterschieds von Doppelpfeilregeln und Definitionen unterscheidet sich von der in der *Logischen Propädeutik* nahegelegten dadurch, daß sie einen Unterschied nicht auch im Hinblick auf die rechte Seite, sondern nur auf die linke Seite und die Adäquatheitsbedingungen macht. Die Notwendigkeit, außer Definitionen und Doppelpfeilregeln (mindestens) eine weitere symmetrische Art terminologischer Bestimmung einzuführen, ergibt sich bereits unabhängig davon, wie die Prädikatoren der rechten Seite zu bestimmen sind, so daß wir hierauf zunächst nicht eingehen müssen. Die fragliche Bestimmungsart ist folgendermaßen zu kennzeichnen:
1. Der Prädikator der linken Seite ist (noch) nicht exemplarisch bestimmt.
2. Adäquatheit wird gefordert.

Wir brauchen diese Bestimmungsart, weil wir in Situationen kommen, die die adäquate Bestimmung eines Prädikators notwendig machen, ohne daß wir bereits eine exemplarische Bestimmung für ihn zur Verfügung haben. Hiermit soll freilich nicht gesagt sein, daß wir in solchen Fällen die exemplarische Bestimmung unversucht sein lassen können oder gar, daß sie überhaupt unmöglich ist. Vielmehr: Gelingt uns zusätzlich eine (gemeinsame) exemplarische Bestimmung, so haben wir die fragliche Bestimmung in eine Doppelpfeilregel überführt. Gelingt sie uns aber nicht, so soll damit die Bestimmung nicht schon unzulässig sein.

Unsere „neue" Art terminologischer Bestimmung erlaubt es, bei der Unterscheidung von klaren und deutlichen Prädikatoren den Fall sinnvoll zu verstehen, daß die Deutlichkeit nicht die Klarheit impliziert. Er liegt gerade bei dieser Art terminologischer Bestimmung vor. Es wird nun auch zu einem guten Teil verständlich, wieso gerade Ausdrücke wie „vernünftig" so schwer zu bestimmen sind. Als Ausdrücke der Reflexionssprache sind sie, um mit Kant zu sprechen, gleichsam „Begriffe ohne Anschauung", bzw. zumindest Begriffe, deren Anschauung wir uns nicht unbedingt vergewissern können. In gewissem Sinne, nämlich im Hinblick auf den Allgemeinheitsgrad solcher Ausdrücke, haben wir hier ein ähnliches Problem, wie der Logische Empirismus (Carnap) mit seinen theoretischen Termen, deren empirische Interpretation nicht vollständig gelingen will. Allerdings, und dies macht das Problem für Reflexionstermini noch schwieriger, ist mit diesen das Interessenproblem anders und in stärkerem Maße verquickt als mit den theoretischen Termen, z. B. der Physik. Während hier das in weiten Teilen bereits gemeinsame Interesse an technischer Verfügbarkeit eine Einigung über Wortgebräuche eher zustande kommen läßt, hängt die gelungene Einführung von Reflexionstermini noch von der Gewinnung eines gemeinsamen Interesses an kritischer

Reflexion auf unsere Praxis des miteinander Redens und Handelns ab. Dieses Interesse kann aber wiederum nur gewonnen werden, indem Reflexionstermini bereits verwendet werden.

Werfen wir noch einen Blick in die *Logische Propädeutik,* so bestätigt sich unsere Analyse. Das Wort „vernünftig", obwohl im Untertitel sozusagen als „regulative Idee" in Anspruch genommen, erfährt im Text selbst nur eine „vorläufige Explikation". Es heißt dort:

> „Das Wort ‚vernünftig', das Haupt- und Leitwort unserer Bemühungen, haben wir bisher nur der Umgangssprache entlehnt. Jetzt geben wir ihm eine vorläufige Explikation: Wir nennen einen Menschen vernünftig, der dem Gesprächspartner und den besprochenen Gegenständen aufgeschlossen ist, der ferner sein Reden nicht durch bloße Emotionen und nicht durch bloße Traditionen und Gewohnheiten bestimmen läßt. (Mit dieser Explikation geben wir Prädikatorenregeln an, von denen wir annehmen, daß sie implizit im Sprachgebrauch enthalten sind und zugleich der philosophischen Tradition entsprechen, der das umgangssprachliche Wort ‚vernünftig' entstammt.)"[19]

Dieses Zitat zeigt förmlich das von uns angesprochene Dilemma schon in der Verwendung des Ausdrucks „vorläufige Explikation". Es sind aufgrund der Charakterisierung von Doppelpfeilregeln und Definitionen weder die einen noch die anderen zur Bestimmung von „vernünftig" möglich. Deshalb wird hier zu einer dritten Art der Bestimmung, genannt „Explikation", gegriffen, die aber nicht weiter erläutert wird. Eine sinnvolle Rekonstruktion dieses Verfahrens könnte in der neu eingeführten Art terminologischer Bestimmung gesehen werden. Allerdings impliziert die vollwertige Anerkennung dieses Verfahrens eine wesentliche Veränderung des methodischen Grundgedankens der *Logischen Propädeutik* und ähnlicher Bemühungen.[20] Der schrittweise

---

19 W. *Kamlah* und P. *Lorenzen: Logische Propädeutik,* p. 118. Diese Explikation wird zwar p. 127 ergänzt; aber das ändert nichts an den hier geäußerten Einwänden.
20 Insbesondere ist dann z. B. auch das von F. *Kambartel* in *Was ist und soll Philosophie?* (Konstanzer Universitätsreden, Konstanz, 1968), p. 12 ausgesprochene Postulat bezüglich der Angabe von Beispielen und Gegenbeispielen entsprechend einzuschränken: „Die für apophantische, das heißt: wesentlich *behauptungs*bezogene Rede bestehende generelle Worterläuterungspflicht kann, ja muß also, wenn es nötig wird, durch Angaben von Beispielen und Gegenbeispielen eingelöst werden. Wer sich weigert, auf Termini zu rekurrieren, die letztlich solcher exemplarischen Festlegung fähig sind, kommt dann seinen Pflichten nicht nach."

Aufbau des vernünftigen Redens ist nicht nur ohne gewisse terminologische „Vorgriffe" unmöglich, sondern gewisse Vorgriffe bleiben immer Vorgriffe, indem sie sich als nicht *bloß* terminologische, sondern *auch* praktische Vorgriffe oder Antizipationen ihrer Einlösung weder selbst noch dauernd vergewissern können. Einen wesentlichen Schritt in diese Richtung macht Lorenzen in der (späteren) Schrift *Szientismus versus Dialektik*, wenn er anerkennt, daß gewisse Unterscheidungen den Zweck haben, Rechtfertigungen überhaupt erst zu ermöglichen.[21] Damit ist aber auch klar, daß solche Unterscheidungen nur sinnvoll sind bei gleichzeitiger *Antizipation der praktischen Möglichkeit von Rechtfertigungen,* d. h. praktisch-philosophischer (ethischer) Diskurse. Und eben deswegen muß die Beschränkung auf die in der *Logischen Propädeutik* genannten Arten der terminologischen Bestimmung aufgehoben werden.

Diese Einsicht scheint mir bei dem jüngsten Versuch, praktische Philosophie methodisch zu begründen, in O. Schwemmers *Philosophie der Praxis* implizit vollzogen zu sein, ohne daß allerdings die Probleme explizit im Zusammenhang mit Verfahren der exemplarischen und terminologischen Bestimmung behandelt werden. Ich beschränkte mich hier auf einige Andeutungen.

In sachlicher Anlehnung an Lorenzens Unterscheidung von Orthosprache und Parasprache[22] führt Schwemmer einige Unterscheidungen von Sprachstufen in Abhängigkeit von Redesituationen ein:[23]

1. Logische — deiktische Sprache
2. Praktische — epipraktische Rede
3. Hermeneutische Sprache

Die *hermeneutische Sprache* geht von unserem Vorverständnis und unserer enttäuschten Kennerschaft aus und motiviert so, unter Anknüpfung an die Gebrauchssprache (incl. Bildungssprache), das Unternehmen einer praktischen Philosophie.

Praktische Rede ist dadurch bestimmt, daß sie durch nicht-sprachliche Handlungen „beantwortet" werden soll. *Epipraktische Rede* wird verstanden als

---

21 P. Lorenzen: *Szientismus versus Dialektik*; in: Hermeneutik und Dialektik (H.-G. Gadamer z. 70. Geburtstag), hg. v. R. Bubner u. a., Tübingen, 1970, Bd. I, pp. 57–72, p. 71. Cf. auch p. 68, wo festgestellt wird, „daß die Unterscheidung zwischen Begehren und Wollen eine normative Unterscheidung ist: Der Wille sollte durch vernünftige Argumentation aus den ursprünglichen Begehrungen gebildet werden".
22 P. Lorenzen: *Normative Logic and Ethics.* Mannheim, 1969, p. 76.
23 O. Schwemmer: *Philosophie der Praxis.* Frankfurt, 1971, pp. 23 ff.

Rede *über* Handlungen. Sie fordert Rede (Gegenrede oder Zustimmung) als Reaktion heraus.

Die *logische Sprache* ist die zu vereinbarende normierte Sprache, in der das Moralprinzip usw. formuliert werden soll. Von dem Gelingen des Aufbaus dieser Sprache hängt es dann ab, ob praktische Philosophie methodisch möglich ist. Die *deiktische Sprache* dient dem Hinweisen auf Situationen (auf „gemeinsame Praxis"), in denen die Termini der logischen Sprache durch Beispiele einführbar sein sollen.

Der Anspruch der methodischen Philosophie ist für Schwemmer eingelöst, wenn die notwendigen motivierenden Vorgriffe der hermeneutischen Sprache in einer kritischen Rekonstruktion eingeholt und in logische Sprache überführt werden können.

Um das Moralprinzip und damit ein Stück praktischer Philosophie formulierbar zu machen, wird die logische Sprache der logischen Propädeutik um drei Arten von Termini, „anthropologische Termini" genannt, erweitert:

1. *Anthropologische Elementartermini* (z. B. „Aufforderung", „Sichverhalten") beschreiben die faktisch immer schon geleistete menschliche Praxis, die Lebenswelt. Sie können deshalb durch Hinweis auf Situationen, in denen wir immer schon gewesen sind, eingeführt werden.[24]

2. *Dialogische Elementartermini* (z. B. „Vorschlag", „Beschluß", „Beratung") sollen die Rede über diejenigen Dialoge normieren, die auf die „Ausführung oder Unterlassung von Handlungen" zielen.[25]

3. *Noologische Termini* (z. B. „Begehrung", „Wollung", „Vermutung", „Meinung") dienen der Rede über „die Wirkungen dieser Handlungen".[26] Sie sollen eingeführt werden durch die Teilnahme an Beratungen.[27]

Bereits die dialogischen Elementartermini können im Gegensatz zu den anthropologischen Elementartermini nicht durch Hinweis auf die immer schon vorfindliche Praxis eingeführt werden, sondern diese Praxis gilt es erst herzustellen[28], bevor man auf sie hinweisen kann. Mit der Annahme, daß eine

---

24 Loc. cit., p. 50.
25 Loc. cit., pp. 59 ff., 68.
26 Loc. cit., p. 68.
27 Loc. cit., p. 108.
28 Loc. cit., pp. 35 f. u. 50. K. Lorenz (*Elemente der Sprachkritik,* pp. 234 f.) hat deutlich gemacht, daß ganz allgemein die Beschreibung von gelungenen Lehr- und Lernsituationen durch die gelungene Herstellung dieser Situationen abzulösen ist, wenn das Programm der Methodistischen Philosophie realisiert werden soll.

solche Herstellung gelingt, beginnt bereits die Kette der Antizipationen. So allgemein betrachtet wird das Problem von Schwemmer gesehen.[29] Unsere eigenen Überlegungen können auf diesem Hintergrund auch als Beitrag betrachtet werden, die Konsequenzen aus dem Antizipationsproblem für die Definitionslehre explizit gemacht zu haben.

Eine von der hier vertretenen Ansicht unterschiedliche Auffassung hat Schwemmer dennoch in der Frage der exemplarischen Bestimmbarkeit. Er scheint auf sie in keinem Fall verzichten zu wollen, nicht einmal bei der Aufstellung des Moralprinzips.[30] So meint er die Möglichkeit der Befolgung des Moralprinzips durch den Hinweis auf faktische, „zufällige" Transformierungen von zunächst unverträglichen in verträgliche Begehrungen sichern zu können.[31] Dieses Argument überzeugt jedoch nicht, dazu bedürfte es zunächst eines *Nachweises*, daß Vernunft in der Geschichte auf vernünftige, dem Moralprinzip gemäße Entscheidungen zurückzuführen ist. Außerdem könnte es ja sein, daß die spätere Beurteilung einer Transformierung als dem Moralprinzip entsprechend (die Geschichte hat Vernunft bewiesen!) nur deshalb so erfolgt, weil die in der neuen Situation wiederum nur subjektiven Begehrungen dadurch ideologisch gestützt werden, indem man sich nämlich selbst als Fortsetzer des bereits begonnenen Vernunftprozesses ausgibt und so seine subjektiven (oder auch klassen-spezifischen) Begehrungen meint legitimieren zu können.

Hiermit wird kein grundsätzlicher Einwand gegen die Möglichkeit praktischer Philosophie erhoben, sondern ihr Antizipationscharakter noch deutlicher unterstrichen und gleichzeitig die universelle Forderung nach exemplarischer Bestimmbarkeit zurückgewiesen.

Abschließend sollen noch zwei Fragen, die sich im Anschluß an unsere Problematisierung der Bestimmung von Reflexionstermini ergeben könnten, beantwortet werden:

1. Wie ist die weitere Bestimmung der rechten Seite symmetrischer terminologischer Bestimmungen zu denken?
2. Wie unterscheiden sich die Bestimmungen der fiktionalen Prädikatoren von den Bestimmungen der Reflexionstermini?

---

29 Loc. cit., p. 244.
30 Loc. cit., p. 110: „Auch die Aufstellung des Moralprinzips geschieht mit Hilfe des Hinweises auf eine Praxis — eine Beratungspraxis —, die von allen Lernenden gemeinsam ausgeübt werden soll."
31 Loc. cit., pp. 110 ff.

Zu Frage 1:
Besonders erwägenswert ist diese Frage im Hinblick darauf, ob es möglich ist, daß es (noch) keine exemplarische Bestimmung für die linke Seite gibt, wohl aber für die rechte Seite, d. h. für die einzelnen rechts vorkommenden Prädikatoren. Wir können diese Formulierung noch dadurch abschwächen, daß wir (entsprechend dem bereits genannten Vorschlag von F. Kambartel) zulassen, daß die Prädikatoren der rechten Seite über einige terminologische Regeln auf andere Prädikatoren zurückgeführt werden dürfen, bevor exemplarische Bestimmungen eingefordert werden. Offen bleibt dann noch, wie es mit der Einlösung solcher Forderungen bestellt ist.
F. Kambartel geht davon aus, daß auf die exemplarische Bestimmung an der Basis nicht verzichtet werden darf. Diese Forderung ist jedoch für Reflexionstermini zu streng. Wenn wir uns nämlich der exemplarischen Bestimmung von Reflexionstermini nicht versichern können, so muß dies zumindest auch für Teile des „Definiens" gelten, d. h. im Definiens werden immer auch Reflexionstermini auftreten und in deren Definiens abermals etc. Die Annahme, daß eine exemplarische Bestimmung innerhalb des terminologischen Regresses schließlich zu *sichern* ist, würde darauf hinauslaufen, den normativen Charakter von Reflexionstermini zum Verschwinden zu bringen. Umgekehrt würde das Angebot, ein nicht-normatives Definiens einem Definiendum gleichzusetzen, das ein Reflexionsterminus ist, eine Verschleierung des normativen Anspruchs von Reflexionstermini sein. Im Interesse der Ermöglichung praktisch-philosophischer Argumentation müssen wir also sogar die Forderung, daß wenigstens die Basisprädikatoren exemplarisch bestimmt sein müssen, in eine *Auf*forderung zu ihrer exemplarischen Bestimmung umformulieren. Diese Aufforderung können wir dann so verstehen, praktische Philosophie nicht nur theoretisch zu treiben, sondern praktisch werden zu lassen. Insofern ist mit der gelungenen exemplarischen Bestimmung von Reflexionstermini auch die Einlösung des Anspruchs praktischer Philosophie verbunden. Eine kleine Einschränkung der mit der exemplarischen Einführung von Reflexionstermini verbundenen Problematik dürfen wir noch anführen. Wenn wir uns der exemplarischen Bestimmbarkeit von Reflexionstermini auch nicht in dem Sinne versichern können, daß wir Beispiele *und* Gegenbeispiele zur Verfügung haben, so dürften wir doch auf eine abgeschwächte Form der exemplarischen Bestimmung rekurrieren können, indem wir Gegenbeispiele für positiv wertende und Beispiele für negativ wertende Reflexionstermini in der Regel zur Hand haben, jedenfalls solange wir gemeinsam eine Situation für verbesserungswürdig halten.

Zu Frage 2:
Die Bestimmung fiktionaler bzw. leerer Prädikatoren, wie z. B. „Einhorn"
und „Zentaur", bedarf deshalb einer kurzen Betrachtung, weil auch sie nicht
durch Definitionen und Doppelpfeilregeln üblicher Art erfolgen kann, nämlich durch Definitionen nicht, sofern der Prädikator, wie dies bei „Einhorn"
und „Zentaur" der Fall ist, bereits einem Vorverständnis unterliegt, durch
Doppelpfeilregeln nicht, da fiktionale (und leere) Prädikatoren natürlich
nicht exemplarisch bestimmbar sind. Von Reflexionstermini sind solche Prädikatoren aber dadurch unterschieden, daß ihre exemplarische Bestimmbarkeit von vornherein *ausgeschlossen* ist, die Prädikatoren der rechten Seite
jedoch exemplarisch bestimmbar oder zumindest auf exemplarisch bestimmbare Prädikatoren zurückführbar sein müssen.

5.3 Real- und Wesensdefinition

Die vorangegangenen Erörterungen legen es nahe, nochmals auf die Unterscheidung von Nominal- und Realdefinitionen einzugehen. Wir erinnern uns,
daß bei Leibniz der Unterschied so bestimmt wird, daß das Definiens einer
Realdefinition den Aufweis der Möglichkeit des Definiendums mit beinhaltet. Leibniz denkt dabei vor allem an die in der Tradition so genannten „genetischen Definitionen", deren Definiens ein Herstellungsverfahren für das
Definiendum angibt, z. B. die Definition eines Kreises durch die Anweisung,
eine Linie mit gleichbleibendem Abstand zu einem Punkt zu ziehen. Bezogen
auf unsere im letzten Abschnitt getroffene Unterscheidung könnten wir diesen Vorschlag Leibnizens so modifizieren, daß wir die Realdefinition als
Doppelpfeilregel rekonstruieren.[1] Dies läßt sich rechtfertigen, da wir die

---

[1] Einen anderen Vorschlag, „Realdefinition" zu rekonstruieren, hat *W. Wundt*
gemacht: *Logik,* Bd. II, 4. Aufl., Stuttgart, 1920, p. 42. Wundt zeichnet Realdefinitionen vor Nominaldefinitionen in der Weise aus, daß durch sie „die Stellung eines Begriffs innerhalb eines allgemeineren Zusammenhangs von Begriffen
bestimmt wird". Der Terminus „Realdefinition" wäre dann nur von vornherein
im Rahmen eines systematischen Aufbaus einer wissenschaftlichen Terminologie
verwendbar. Im Gegensatz zu unserer Rekonstruktion des vorwiegend Leibnizschen Sprachgebrauchs läßt Wundt auch Realdefinitionen fiktionaler Prädikatoren zu. Als Beispiel nennt er „Zentaur".
C. G. Hempels Vorschlag *(Fundamentals of Concept Formation in Empirical*

Doppelpfeilregeln für denjenigen Fall der analytischen Bestimmung reserviert haben, daß die in ihnen verwendeten Prädikatoren vorher exemplarisch bestimmt sind. Durch exemplarische Bestimmung ist aber die Möglichkeit, sprich Prädizierbarkeit, des zu bestimmenden Prädikators gewährleistet. Geschieht die exemplarische Bestimmung nicht durch Nennung der Beispiele, sondern durch Hinzeigen auf konkrete Beispiele (Hinweisdefinitionen oder ostensive Definitionen), so ist außer der Möglichkeit auch die Wirklichkeit des fraglichen Prädikators gegeben. Dieser Rekonstruktionsversuch soll nicht besagen, daß wir die mit Realdefinitionen häufig verbundene „realistische" Redeweise von der „Definition einer Sache" übernehmen wollen, um sie der „nominalistischen" Redeweise von der „Definition eines Namens" gegenüberzustellen.[2]

Unsere Vorschläge haben zur Folge, darüber muß man sich klar sein, daß Termini wie „vernünftig" nach unseren Ausführungen in Kapitel 5.2 nicht unbedingt einer Realdefinition fähig sind. Damit stehen wir allerdings im Widerspruch zur Tradition.[3] Wenn man aber bedenkt, daß die Tradition die Probleme des Verhältnisses von Definition und Interesse nicht in der ganzen Tragweite erkannt hat, so brauchen wir auch keine Bedenken bei der Änderung dieses Wortgebrauchs zu haben. Vielmehr können wir mit Gründen unsere Unterscheidung beibehalten. Dafür werden wir aber die Rede von „Wesensdefinition" aufnehmen.

Die traditionelle Definitionslehre verband Real- und Wesensdefinition terminologisch in der Weise, daß Wesensdefinitionen immer Realdefinitionen seien; aber nicht notwendig umgekehrt.[4] Außerdem durften Nominaldefinitionen nicht „Wesensdefinitionen" genannt werden. Der Sprachgebrauch der

---

Science. International Encyclopedia of Unified Science, Bd. 2, Nr. 7. Chicago, London, 1952. Nachdruck, 1964, pp. 8 ff.), als Realdefinitionen lexikalische Definitionen ("meaning analysis" bei ihm genannt), Explikationen und sogar empirische Analysen von Eigenschaften zu verstehen, ist nicht sehr glücklich. Vor allem sollte man empirische Analysen besser überhaupt nicht „Definitionen" nennen. Außerdem unterscheidet Hempel nicht zwischen Real- und Wesensdefinitionen.

2 So bei *K. Ajdukiewicz: Three Concepts of Definition.* Logique et Analyse I (1958) pp. 115—126, insb. pp. 115 und 125 f.
3 Bei *Kant* wird ausdrücklich gefordert, daß Definitionen moralischer Termini stets Realdefinitionen sein müssen: *Logik (Jäsche),* Akad. Ausg. IX, p. 144.
4 Z. B. *Leibniz: Nouveaux essais sur l'entendement humain.* Philosophische Schriften, hg. v. C. *J. Gerhardt,* V, p. 272.

Traditionen enthielt also im Gegensatz zu unserem implizit die Prädikatorenregeln

$x \, \varepsilon$ Wesensdefinition $\Rightarrow x \, \varepsilon$ Realdefinition

$x \, \varepsilon$ Wesensdefinition $\Rightarrow x \, \varepsilon'$ Nominaldefinition.

(Locke z. B. spricht zwar aufgrund seiner allgemeinen nominalistischen Auffassung auch von realen *und* nominalen Wesenheiten[5], wir werden aber diesen Sprachgebrauch nicht näher untersuchen, sondern die Abweichung vom üblichen Sprachgebrauch der Tradition unabhängig von Locke rechtfertigen.) Unser Sprachgebrauch besagt, daß die Bezeichnung „Wesensbestimmung" nicht auf Doppelpfeilregeln beschränkt bleiben soll, sondern auch auf terminologische Bestimmungen anwendbar sein soll, deren verwendete Prädikatoren (noch) nicht exemplarisch bestimmt sind. Definitionen ohne Adäquatheitsforderungen, also die Definitionen als bloße Abkürzungen, lassen sich allerdings nicht als Wesensbestimmungen verstehen. Die genannte Art terminologischer Bestimmungen ist im Rahmen der traditionellen Terminologie den Nominaldefinitionen zuzurechnen, da sie ja gerade dadurch ausgezeichnet ist, daß die Realisierbarkeit der definierten Termini nicht gewährleistet ist, sondern nur antizipatorisch eingeholt werden kann.

Unsere Terminologie wird dadurch ermöglicht, daß wir Definitionen nicht als Definitionen von Dingen, Gegenständen oder Ideen verstehen, sondern als die Bestimmung von Wortgebrauch. Wir können deshalb von Wesensdefinitionen reden, ohne „Wesen" z. B. einzuschränken auf „Wesen der Gegenstände". Für letztere Redeweise haben im Zusammenhang mit einer Kratylos-Interpretation K. Lorenz und J. Mittelstraß einen Rekonstruktionsversuch unternommen, der besagt, daß das Wesen eines Gegenstandes zu verstehen ist „als die von der zugehörigen wahren Elementaraussage dargestellte ‚abstrakte' Tatsache, nämlich, *daß* der fragliche Gegenstand unter den von dem Namen wiedergegebenen Begriff (τὸ τοῦ ὀνόματος εἶδος) fällt."[6] Hierbei wird die Wahrheit der zugehörigen Elementaraussage verstanden als Rekonstruktion der Rede Platons von wahren Namen.[7] Diese Interpretation ergibt sich daraus, daß Namen bei Platon als Kennzeichnungen verstanden werden. So wäre dann der dem Namen „dieser Mensch" zugehörige Elemen-

---

5 Cf. Leibnizens Bemerkungen (loc. cit.) dazu.
6 Cf. *K. Lorenz: Elemente der Sprachkritik.* Frankfurt, 1970, p. 84.
7 *K. Lorenz* und *J. Mittelstraß: On Rational Philosophy of Language: The Programme in Plato's Cratylus Reconsidered.* Mind LXXVI (1968) pp. 1—20, p. 9: "[...] correctness of names is just the truth of the associated elementary sentences [...]".

tarsatz „*a* ε Mensch". Die Wahrheit dieses Elementarsatzes ist dann die Bedingung dafür, daß die Kennzeichnung „dieser Mensch" berechtigt ist. „Abstrakte Tatsache" wird verwendet als façon de parler für das „Gemeinsame" wahrer synonymer Aussagen, wobei eine Aussage wahr ist, wenn sie einen bestehenden Sachverhalt ausdrückt. Eine Elementaraussage „*a* ε *P*" ist wahr genau dann, wenn der Prädikator *P* (wir beschränken uns hier auf einstellige Prädikatoren) dem Gegenstand *a* zukommt. *P* kommt dem *a* zu genau dann, wenn *P* durch Beispiele und Gegenbeispiele so eingeführt worden ist, daß auch Einigung über die Wahrheit von *a* ε *P* erzielt werden kann. Die Frage ist, ob sich dieser Vorschlag zum Verständnis von „Wesen eines Gegenstandes" über eine Interpretation Platons hinaus für die Rekonstruktion von „Wesens*definition*" verwenden läßt. Hiergegen spricht zunächst, wie oben schon angedeutet, daß man Wesensdefinitionen auf Prädikatoren beschränken müßte, die einer Einführung durch Beispiele und Gegenbeispiele fähig sind, was nicht nur eine Wesensdefinition von leeren Begriffen[8] (unkritischer Fall), sondern nach unseren Überlegungen auch Wesensdefinitionen z. B. für Reflexionstermini ausschließen würde. Für die durch Beispiele und Gegenbeispiele einführbaren Prädikatoren bestünde die Wesensdefinition dann gerade in dieser exemplarischen Bestimmung. Damit würde aber die Bestimmung von Wesensdefinition selbst etwas kurz geraten; denn wenn wir von „Wesensdefinition" sprechen, so wollen wir doch noch etwas mehr zum Ausdruck bringen, wir wollen einer Definition bestimmte Auflagen machen. Auch in dieser Hinsicht müssen wir also über den von Lorenz und Mittelstraß gemachte Vorschlag hinausgehen. Im Hinblick auf die exemplarische Bestimmung könnte dies zum Beispiel heißen, daß nicht nur Einigung über die Auswahl der Beispiele und Gegenbeispiele erzielt werden muß, sondern bisherige Verwendungen des Prädikators, seien es solche der Gebrauchssprache oder eventuell auch der (Bildungs-) Sprache der Tradition, zu berücksichtigen sind. Einen Vorschlag in dieser Richtung von *allgemeiner* Art (das heißt: nicht unter Beschränkung auf exemplarische Bestimmungen) hat F. Kambartel gemacht. Danach soll von einer „Wesensbestimmung" die Rede sein, wenn die mit einem „Wort" (besser: „Prädikator" oder „Terminus") getroffene Unterscheidung in Gegenstände, denen der Prädikator (Terminus) zukommt, und Gegenstände, denen er nicht zukommt, „eine alte, mit dem gleichen Wort getroffene Unterscheidung mindestens gleich deutlich, mög-

---

[8] Loc. cit., p. 10.

lichst aber deutlicher, reformuliert".⁹ Diese Reformulierung kann nicht nur durch eine exemplarische Bestimmung, sondern auch durch eine Doppelpfeilregel geschehen. Den Fall der terminologischen Bestimmung ohne jede exemplarische Bestimmung sieht auch Kambartel nicht vor, da er nur Termini zulassen will, die zurückführbar sind bis auf exemplarisch bestimmbare Prädikatoren.¹⁰ Kambartels Vorschlag läuft darauf hinaus, daß unter einer Wesensdefinition zu verstehen ist ein terminologischer Vorschlag der genannten Art plus Nachweis, daß dieser Vorschlag auch die Intentionen der Tradition (man könnte hinzufügen: oder der Gebrauchssprache) deckt. Demnach kommen die Wesensdefinitionen Adäquatheitsforderungen nach und umgekehrt kann man Adäquatheitsforderungen als Forderungen nach Wesensdefinitionen verstehen. Die Berechtigung von Adäquatheitsforderungen begründet Kambartel damit, daß die Tradition bereits sinnvolle Unterscheidungen mit bestimmten Worten getroffen hat und es sinnvoll ist, sich solcher Unterscheidungen durch Beibehaltung der Worte zu versichern.

Die gegen die Willkürlichkeitsthese vorgebrachte Kritik läßt sich in der Forderung zusammenfassen, daß Definitionen (nun im allgemeinen und nicht im Sinne der *Logischen Propädeutik* verstanden) Wesensdefinitionen zu sein haben. Zwei Einschränkungen müssen noch erwähnt werden:

1. Es gibt Fälle, in denen Definitionen willkürliche Festsetzungen sein dürfen, dann nämlich, wenn das Definiendum noch keinen anderweitigen Gebrauch hat *und* es für das Definiens kein bereits im Gebrauch befindliches Definiendum gibt. Dies kommt z. B. in den Naturwissenschaften und der Technik vor, wenn es darum geht, für eine neu entdeckte Substanz, Konstante o. ä. einen Namen einzuführen.¹¹ Im Grunde handelt es sich in diesen

---

9 *F. Kambartel: Was ist und soll Philosophie?* Konstanzer Universitätsreden. Konstanz, 1968, p. 18.
Zwar nicht unter der Bezeichnung „Wesensdefinition", aber in sachlich ähnlicher Weise wollen Lorenz und Mittelstraß Fragen der „Angemessenheit" behandeln. Cf. *K. Lorenz: Elemente der Sprachkritik*, p. 238 und *J. Mittelstraß: Die Prädikation und die Wiederkehr des Gleichen;* in: Das Problem der Sprache, hg. v. *H.-G. Gadamer*. München, 1967, pp. 87—95.
10 *Kambartel,* loc. cit., p. 12.
11 In diesem Sinne äußert sich z. B. auch *B. Bolzano* in der *Wissenschaftslehre* IV, p. 228: „Wenn es dagegen heißt, daß Erklärungen willkürlich wären, und nicht erwiesen zu werden brauchten: so dieß wieder nur wahr, wenn man sich unter einer Erklärung weder die *Bestimmung* eines gegebenen Gegenstandes, noch die *Zerlegung* eines gegebenen Begriffes, sondern eine bloße *Verständigung* über den Sinn eines, aus freiem Belieben gewählten *Zeichens* denkt".

Fällen nicht um eine Einschränkung unserer allgemeinen Forderung nach Wesensdefinitionen, denn Adäquatheitsforderungen können hier gar nicht entstehen und deshalb auch nicht verletzt werden.

2. Es muß unterschieden werden zwischen der Verwendung von Definitionen in esoterischer und exoterischer Rede. Unsere Forderung gilt allgemein zunächst nur für exoterische Rede. Bei esoterischer Rede, speziell in einer Dialogsituation, kann man seinem Gesprächspartner gewisse Wortgebräuche zugestehen, solange es nur darauf ankommt, zu verstehen, was er meint. Hier ist Sprache „hintergehbar". Sobald es aber um Einigung über gemeinsamen Sprachgebrauch geht, d. h. um Normierungen, auf die jeder der Gesprächsteilnehmer jederzeit, also auch bei Erweiterung auf exoterische Redesituationen, verpflichtet werden kann, sind Adäquatheitsnachweise wieder unvermeidbar. Unterstellt man einmal, was hier nicht weiter begründet wird, daß menschliche Rede bestrebt sein soll, aus dem Status esoterischer in denjenigen exoterischer überzugehen, so bleibt die Forderung nach Wesensdefinitionen auch für esoterische Rede tendenziell bestehen.

Die Forderung nach Wesensdefinitionen gibt uns gewisse Richtlinien für das Aufstellen von Definitionen an die Hand. Allerdings sind diese Richtlinien kein sicheres Entscheidungskriterium für adäquate Definitionen, wie wir gleich hinzufügen müssen. Fragen der folgenden Art stellen sich nämlich sofort ein:
1. Welche Unterscheidungen sind sinnvoll und welche nicht?
2. Wie weit darf eine Wesensdefinition von dem zu rekonstruierenden Sprachgebrauch abweichen?
Man könnte versucht sein, hier erneut die Carnapschen Kriterien für Explikationen anzuwenden.[12] Abgesehen davon aber, daß diesen Kriterien der Wissenschaftsbegriff des Logischen Empirismus zugrunde liegt, der vermutlich schon den Versuch einer Explikation solcher Termini wie „vernünftig", „gut", etc. ablehnen würde und damit die Frage (1) in einem zu engen Sinne beantwortet würde, brächte uns die Anwendung dieser Kriterien in Beantwortung der Frage (2) nach der Entscheidbarkeit der Adäquatheit von Definitionen auch nicht weiter. Carnaps einschlägiges Kriterium 1 ist nämlich von derselben Vagheit wie unser Begriff der Wesensdefinition. Es fordert die Ähnlichkeit von Explikat und Explikandum, was besagen soll, daß die Fälle,

---

12 Cf. pp. 59 f.

in denen Explikandum und Explikat verwendet werden können, weitgehend dieselben sein sollen. Die Unbestimmtheit steckt hier in dem Wörtchen „weitgehend".[13] Bei Carnap wird sie durch die Kriterien 2—4 weiter eingeschränkt. Dieser Kriterien können wir uns aber nicht bedienen, weil gerade sie auf Reflexionstermini nicht anwendbar sind. Für den Logischen Empirismus ist dies gar keine wissenschaftliche Beschränkung, da in seinem Selbstverständnis eine normative praktische Philosophie *als Wissenschaft* ohnehin für unmöglich gehalten wird.[14] Wenn wir die terminologischen Beschränkungen, die der Logische Empirismus sich selbst auferlegt hat, als zu weitgehend erachten, so soll damit nicht etwa der Unterschied zwischen emotiven und deskriptiven Termini etc. verwischt werden (ganz im Gegenteil wurde auf diesen Unterschied mehrfach hingewiesen), sondern vielmehr betont werden, daß wir uns der Bemühung um die Bestimmung gewisser Termini nicht unter Hinzuziehung eines Sinnkriteriums entziehen können, wenn davon die Sinngebung unseres Handelns abhängt. Außerdem ist eine solche Beschränkung selbst normativ, indem sie Stellung nimmt zur Frage was wir tun bzw. lassen sollen.

---

13 Diese Unbestimmtheit läuft auf eine Variante des Analyseparadoxons (paradox of analysis) hinaus. Für Explikationen hat *J. F. Hanna: An Explication of "Explication"* (Philosophy of Science XXXV (1968) pp. 22—44) es zu lösen versucht, indem er Explikationen extensional auffaßt, d. h. keine Synonymität von Explikat und Explikandum fordert, und Intensionen nur die Rolle einer partiellen Bestimmung der Extensionen der Explikanda zuspricht. Unabhängig von der Frage, ob dieser Vorschlag sinnvoll ist, ist er für unser Problem nicht anwendbar, da es bei Reflexionstermini aufgrund ihres Antizipationscharakters stets fraglich ist, ob sie eine Extension haben, d. h. Fälle ihrer Prädizierbarkeit.

14 Cf. die Ausführungen von *A. Kaplan: Logical Empiricism and Value Judgments;* in: The Philosophy of Rudolf Carnap, hg. v. *P. A. Schilpp.* La Salle (Ill.), London, 1963, pp. 827—856 und *Carnaps* Antwort ibid., pp. 999—1013. Carnap vertritt (p. 1000) einen Nichtkognitivismus in bezug auf Werturteile. Dies soll nach seinen eigenen Worten besagen, daß er kein besonderes Wissen für Werte einräumen will. Für ihn gebe es nur Tatsachenwissen und logisches Wissen. Problematisch an Carnaps Auffassung ist nicht die Leugnung eines besonderen Wissens um Werte, sondern die Ansicht, daß man außer über Tatsachen und Logik nicht *wissen*schaftlich reden könne. Meine Kritik ist freilich selbst dem Interessenproblem unterworfen, insofern sie den Wissenschaftsbegriff, den Gebrauch des Terminus „Wissenschaft" nicht so eng fassen *will;* aber dies zeigt ja nur, was ich zeigen wollte, nämlich daß wir uns schon *in* der Wissenschaft Werturteilen nicht durch Leugnung ihrer Wissenschaftlichkeit entziehen können.

Im Zusammenhang mit der Vagheit entsteht für die Wesensdefinition noch eine weitere Schwierigkeit. Im Lichte der Interessenproblematik betrachtet, ist nämlich zu erwarten oder zumindest nicht abzuweisen, daß der Spielraum, den der Begriff der Wesensdefinition den rekonstruierenden Bemühungen läßt, entsprechend unterschiedlichen Interessen verschieden genutzt wird. Es entsteht hier der Zirkel, daß Sprachgebrauch im Sinne des selbstverfolgten Interesses rekonstruiert wird. Diesem Zirkel können wir auch nicht dadurch entgehen, daß wir die Rechtfertigung unseres Interesses an bestimmten Unterscheidungen und den Worten, mit denen die Unterscheidungen festgemacht werden, umgehen, indem wir auf Rekonstruktionsleistungen verzichtend direkt unsere Interessen rechtfertigen; denn diese Rechtfertigungen können selbst erst wiederum aufgrund von durch Wesensdefinitionen legitimierten Unterscheidungen geschehen. Insofern ist das transzendentalphilosophische Argument in der folgenden Form hier anwendbar: Unterscheidungen sind die Bedingungen der Möglichkeit begründender Rede. Viel gewonnen ist damit aber noch nicht, da die Probleme beim Aufstellen von *konkreten* Wesensdefinitionen auftauchen. Hat man nämlich erst einmal erkannt, auf was man sich mit der Übernahme gewisser Wortgebrauchs*vorschläge* einläßt, so ist zu erwarten, daß man dann nur noch solchen Definitionen zustimmt, die Begründungen (einschließlich Rechtfertigungen) ermöglichen, denen man selbst zuzustimmen beabsichtigt. Das Verhältnis von Definition und Begründung läßt sich dann im Bilde einer Mausefalle so karikieren, daß die Definitionen der Speck und die Begründungen die Falle sind. Nimmt man den Speck, so klappt die Falle zu. Dieses Verhältnis gilt zwar nicht nur für emotive Termini z. B. der Ethik und Politik, sondern auch für deskriptive Termini der so genannten exakten Wissenschaften. In diesen nimmt es sich aber anders aus: der Streit um Worte findet seltener statt, weil das Interesse des Fallenstellers und der Maus weitgehend identisch ist. Es besteht kein Interessen*konflikt*, sondern jeder gelungene Beweis dient dem gemeinsamen Interesse an weiteren Entdeckungen bzw. an technischer Verfügbarkeit. Hierin, so könnte man vielleicht sagen, besteht die monologische Struktur solcher Disziplinen[15], freilich auch nur so lange, wie man sie nicht weiter hinterfragt.

Der hier aufgezeigte Zirkel, von dem wir nie sicher wissen, sondern nur hoffen können, daß er eine Spirale ist, hat zwei Seiten:

---

15 Cf. dazu *J. Habermas: Der Universalitätsanspruch der Hermeneutik;* in: Hermeneutik und Dialektik (H.-G. Gadamer z. 70. Geburtstag), hg. v. R. *Bubner* u. a., Tübingen, 1970, Bd. I, pp. 73—103, insb. pp. 80 f.

1. Die Möglichkeit praktisch-philosophischer Argumentation läßt sich außerhalb einer ebensolchen Argumentation nicht begründen, weil Begründungen nicht ohne Definitionsvorschläge geführt werden können, Definitionsvorschläge aber Rechtfertigungen verlangen[16], und diese Rechtfertigungen bei Reflexionstermini letztlich auf praktisch-philosophische Argumentationen hinauslaufen.[17]

2. Diese Einsicht enthebt uns nicht praktisch-philosophischer Bemühungen, weil *keine* Stellungnahme praktisch-philosophisch betrachtet *auch* eine Stellungnahme ist.

---

16 So auch *J. R. Reid: Definitional Rules: Their Nature, Status, And Normative Function.* The Journal of Philosophy XL (1943) pp. 188—192.
17 Daß die Suche nach Definitionen z. B. ethischer Termini selbst ein ethischer Diskurs ist, zeigen die Platonischen Dialoge. Die Sokratischen Fragen „was ist Gerechtigkeit" etc. intendieren (unabhängig von der Frage nach der *Existenz* der „Wesenheiten" oder „Ideen") als Antworten Wesensdefinitionen in dem Sinne, daß angegeben wird, wie „Gerechtigkeit" gebraucht werden *sollte*.

6. Schlußbemerkung

Zum Schluß sei der Stellenwert der hier vorgetragenen Überlegungen zur Definitionslehre im Rahmen gegenwärtig vertretener Auffassungen zur Frage der Normierung von Sprachgebrauch markiert.
Die Ordinary Language Philosophy (als eine Richtung der Analytischen Philosophie) hat unter Hinweis auf die Vielfalt der Wortgebräuche zu Recht vorschnelle Sprachnormierungen zurückgewiesen. Für sie besteht aber Gefahr, in dieser Vielfalt zu versinken (Austin) oder, wo sie eine methodische Kehre vollzieht (Searle), sich dieser Richtungsänderung nicht voll bewußt zu sein. Der Logische Empirismus (als die andere Richtung der Analytischen Philosophie) hat dagegen den Weg eines methodischen Zugriffs auf Sprache gewiesen. Carnaps Begriff der rationalen Nachkonstruktion bzw. Explikation macht zudem die Rolle der Gebrauchssprache als Vermittlerin von Vorverständnis deutlich, führt allerdings nicht über einen zu engen Wissenschaftsbegriff hinaus. Die Methodische Philosophie, die mit der Betonung des „normativen Fundaments der Wissenschaft" auch die praktische Philosophie (Ethik) wieder zum Gegenstand von Begründungen und nicht nur von metaethischen Überlegungen macht, droht trotz Anschlusses an hermeneutische Bemühungen, einem erneuten Fundamentalismus und von ihr selbst kritisierten Szientismus zu erliegen, indem sie die aus dem Bereich technischer Verfügbarkeit und *elementarer* lebenspraktischer Verständigung gewonnenen Verfahren der Sprachnormierung auf komplexere und andersartige lebenspraktische Verständigung überträgt. Die Betrachtung der Reflexionstermini sollte eine Revision des methodischen Philosophierens als notwendig erweisen, und zwar nicht zuletzt mit Hilfe des rekonstruierten Begriffs der Wesensdefinition in Richtung auf eine stärkere Berücksichtigung hermeneutischer Bemühungen um Gebrauchssprache und Begriffsgeschichte.
Das in Sachen Definitionen einzuschlagende Verfahren der Philosophie könnte man „methodisch-hermeneutisch" nennen. Der Zirkelverdacht kann zwar angesichts des Zusammenhangs von Definitionen und Interessen nicht ausgeräumt werden, impliziert aber auch nicht ein Zurückgehen hinter methodisches Philosophieren; denn ohne methodisches Vorgehen ließe sich ein Zirkel gar nicht als solcher durchschauen.

Literaturverzeichnis

Abelson, Raziel: An Analysis of the Concept of Definition, and Critique of three Traditional Philosophical Views Concerning its Role in Knowledge. Diss., New York University, 1957 (Ann Arbor, Mich., University Microfilms, 1960).
— Definition; in: The Encyclopedia of Philosophy, hg. v. P. Edwards. New York, London, 1967, Bd. II, pp. 314—324.
Ajdukiewicz, Kazimierz: Three Concepts of Definition. Logique et Analyse I (1958) pp. 115—126.
Alston, W. P.: Artikel "Emotive Meaning"; in: The Encyclopedia of Philosophy, hg. v. P. Edwards. New York, London, 1967, Bd. II, pp. 486—493.
Austin, John L.: How to do Things with Words. Oxford, 1962.
— Performative — Constative (1962 franz.). Engl. Übers. in: The Philosophy of Language, hg. v. J. R. Searle. Oxford, 1971, pp. 13—22.
Badura, Bernhard: Sprachbarrieren — Zur Soziologie der Kommunikation. Stuttgart, 1971.
Bar-Hillel, Yehoshua: Popper's Theory of Corroboration; in: The Philosophy of Karl R. Popper, hg. v. P. A. Schilpp. Erscheint demnächst.
Bohnert, H. G.: Carnap on Definition and Analyticity; in: The Philosophy of Rudolf Carnap, hg. v. P. A. Schilpp. La Salle (Ill.), London, 1963, pp. 407—430.
Bolzano, Bernard: Wissenschaftslehre, 4 Bde. Sulzbach, 1837. 2. Aufl., Leipzig, 1914—1931.
Borkowski, Ludwik: Über analytische und synthetische Definitionen. Studia Logica IV (1956) pp. 7—61.
Bridgman, P. W.: The Logic of Modern Physics. New York, 1928.
— Operational Analysis. Philosophy of Science V (1938) pp. 114—131.
Bubner, Rüdiger (Hg.): Sprache und Analysis. Texte zur englischen Philosophie der Gegenwart. Göttingen, 1968.
Carnap, Rudolf: Der logische Aufbau der Welt (1928). 2. Aufl., Hamburg, 1961.
— Testability and Meaning. Philosophy of Science III (1936) pp. 419—471, IV (1937) pp. 1—40.
— Meaning and Necessity. 2. Aufl., Chicago, London, 1956.
— The Methodological Character of Theoretical Concepts; in: Minnesota Studies in the Philosophy of Science, hg. v. H. Feigl u. M. Scriven, Bd. I. Minneapolis, 1956, pp. 38—76.
— Logical Foundations of Probability. 2. Aufl., Chicago, London, 1962.
— und Wolfgang Stegmüller: Induktive Logik und Wahrscheinlichkeit. Wien, 1959.
— cf. auch Schilpp, P. A.
Drobisch, Moritz W.: Neue Darstellung der Logik. 5. Aufl., Hamburg, Leipzig, 1887.

Dubislav, Walter: Die Definition. 3. Aufl., Leipzig, 1931.
— Bemerkungen zur Definitionslehre. Erkenntnis III (1932/33) pp. 201—203.
Essler, Wilhelm K.: Wissenschaftstheorie I: Definition und Reduktion. Freiburg, München, 1970.
Fann, K. T. (Hg.): Symposium on J. L. Austin. London, 1969.
Frege, Gottlob: Begriffsschrift, eine der arithmetischen nachgebildete Formelsprache des reinen Denkens. Halle, 1879.
— Begriffsschrift und andere Aufsätze. 2. Aufl., hg. v. I. Angelelli. Darmstadt, Hildesheim, 1964.
— Die Grundlagen der Arithmetik. Eine logisch mathematische Untersuchung über den Begriff der Zahl. Breslau, 1884. Neudruck: Darmstadt, Hildesheim, 1961.
— Grundgesetze der Arithmetik. Begriffsschriftlich abgeleitet. 2 Bde., Jena, 1893 u. 1903. Nachdruck: Darmstadt, Hildesheim, 1962.
— Kleine Schriften; hg. v. I. Angelelli. Darmstadt, Hildesheim, 1967.
— Nachgelassene Schriften, hg. v. H. Hermes, F. Kambartel, F. Kaulbach. Hamburg, 1969.
Gabriel, Gottfried: Kennzeichnung und Präsupposition. Linguistische Berichte, Heft 15 (1971) pp. 27—31.
— Logik und Sprachphilosophie bei Frege — Zum Verhältnis von Gebrauchssprache, Dichtung und Wissenschaft; in: Gottlob Frege: Schriften zur Logik und Sprachphilosophie. Aus dem Nachlaß, hg. v. G. Gabriel. Hamburg, 1971, pp. XI—XXX.
— Artikel „Definition II"; in: Historisches Wörterbuch der Philosophie, hg. v. J. Ritter, Bd. II. Basel, Stuttgart, 1972, Sp. 35—42.
Gergonne, J. D.: Essai sur la théorie des définitions. Annales de Mathématiques pures et appliquées IX (1818/19) pp. 1—35.
Habermas, Jürgen: Erkenntnis und Interesse. Frankfurt, 1968.
— Der Universalitätsanspruch der Hermeneutik; in: Hermeneutik und Dialektik (H.-G. Gadamer z. 70. Geburtstag), hg. v. R. Bubner u. a., Tübingen, 1970, Bd. I, pp. 73—103.
— Vorbereitende Bemerkungen zu einer Theorie der kommunikativen Kompetenz; in: J. Habermas und N. Luhmann: Theorie der Gesellschaft oder Sozialtechnologie. Frankfurt, 1971, pp. 101—141.
Hanna, J. F.: An Explication of „Explication". Philosophy of Science XXXV (1968) pp. 28—44.
Hempel, Carl G.: Fundamentals of Concept Formation in Empirical Science. International Encyclopedia of Unified Science, Bd. II, Nr. 7. Chicago, London, 1952. Nachdruck, 1964.
Hilbert, David: Grundlagen der Geometrie (1899). 7. Aufl., Berlin, Leipzig, 1930.
Hobbes, Thomas: Opera philosophica quae latine scripsit, 5 Bde., hg. v. W. Molesworth. London, 1839—1845.
— The English Works, 11 Bde., hg. v. W. Molesworth. London, 1839—1845.
— Vom Körper (Elemente der Philosophie I). Hamburg, 1967.
Kambartel, Friedrich: Formales und inhaltliches Sprechen (Frege — Hilbert —

Wittgenstein); in: Das Problem der Sprache, hg. v. H.-G. Gadamer. München, 1967, pp. 293—312.
— Was ist und soll Philosophie? Konstanzer Universitätsreden. Konstanz, 1968.
— Erfahrung und Struktur. Bausteine zu einer Kritik des Empirismus und Formalismus. Frankfurt, 1968.
— Zur Rede von „formal" und „Form" in sprachanalytischer Absicht. Neue Hefte für Philosophie I (1971) pp. 51—67.
— Ethik und Mathematik; in: Rehabilitierung der praktischen Philosophie, Bd. I, hg. v. M. Riedel. Freiburg, 1972, pp. 489—503.
— Bemerkungen zur bildungssprachlichen Manipulation. Manuskript, Konstanz.
Kamiński, Stanisław: Hobbesa teoria definicji. Studia Logica VII (1958) pp. 43—67. Summary pp. 68—69.
Kamlah, Wilhelm und Paul Lorenzen: Logische Propädeutik — oder Vorschule des vernünftigen Redens. Rev. Ausg., Mannheim, 1967.
Kant, I.: Kritik der reinen Vernunft. 2. Aufl., Akad. Ausg., Bd. III.
— Logik (Jäsche). Akad. Ausg., Bd. IX, pp. 1—150.
Kaplan, Abraham: Logical Empiricism and Value Judgments; in: The Philosophy of Rudolf Carnap, hg. v. P. A. Schilpp. La Salle (Ill.), London, 1963, pp. 827—856.
Krug, Wilhelm T.: Allgemeines Handwörterbuch der philosophischen Wissenschaften, nebst ihrer Literatur und Geschichte, 5 Bde., Leipzig, 1827—1829.
Kutschera, Franz von: Freges Definitionslehre; in: ders.: Elementare Logik. Wien, New York, 1967, pp. 354—378.
Leibniz, G. W.: Die philosophischen Schriften von Gottfried Wilhelm Leibniz, 7 Bde., hg. v. C. J. Gerhardt. Berlin, 1875—1890.
— Hauptschriften zur Grundlegung der Philosophie, Bd. I, hg. v. E. Cassirer. Hamburg, 1966.
— Neue Abhandlungen über den menschlichen Verstand, hg. v. E. Cassirer. Hamburg, 1971.
Lorenz, Kuno: Elemente der Sprachkritik — Eine Alternative zum Dogmatismus und Skeptizismus in der Analytischen Philosophie. Frankfurt, 1970.
Lorenz, Kuno und Jürgen Mittelstraß: Die Hintergehbarkeit der Sprache. Kantstudien LVIII (1967) pp. 187—208.
— On Rational Philosophy of Language: The Programme in Plato's *Cratylus* Reconsidered. Mind LXXVI (1968) pp. 1—20.
Lorenzen, Paul: Methodisches Denken. Frankfurt, 1968.
— Normative Logic and Ethics. Mannheim, 1969.
— Szientismus versus Dialektik; in: Hermeneutik und Dialektik (H.-G. Gadamer z. 70. Geburtstag), hg. v. R. Bubner u. a., Tübingen, 1970, Bd. I, pp. 57—72.
— cf. auch Kamlah, Wilhelm und P. Lorenzen.
Lotze, Hermann: Logik. Drei Bücher vom Denken, vom Untersuchen und vom Erkennen, hg. v. G. Misch. Leipzig, 1912.
Lübbe, Hermann: Der Streit um Worte. Bochumer Universitätsreden. Bochum, 1967.
Mill, John St.: A System of Logic, Ratiocinative and Inductive. 8. Aufl., Nachdruck, London, 1965.

— System der deductiven und inductiven Logik, 2 Bde., hg. v. J. Schiel. 3. Aufl. nach der 5. engl. Ausg., Braunschweig, 1868.
— Gesammelte Werke, 12 Bde., übers. u. hg. v. Th. Gomperz. Leipzig, 1869—1880.
Mittelstraß, Jürgen: Die Prädikation und die Wiederkehr des Gleichen; in: Das Problem der Sprache, hg. v. H.-G. Gadamer. München, 1967, pp. 87—95.
— Neuzeit und Aufklärung. Studien zur Entstehung der neuzeitlichen Wissenschaft und Philosophie. Berlin, New York, 1970.
— Das normative Fundament der Sprache. Manuskript, Konstanz, 1972.
— cf. auch Lorenz, Kuno und J. Mittelstraß.
Ogden, C. K. und I. A. Richards: The Meaning of Meaning (1923). 10. Aufl., London, 1949.
Pap, Arthur: Theory of Definition. Philosophy of Science XXXI (1964) pp. 49—54.
Patzig, Günther: Einleitung zu G. Frege: Logische Untersuchungen. Göttingen, 1966, pp. 5—29.
— Leibniz, Frege und die sogenannte „lingua characteristica universalis"; in: Akten des internationalen Leibniz-Kongresses, Hannover 1966, Bd. 3: Erkenntnislehre, Logik, Sprachphilosophie, Editionsberichte. Wiesbaden, 1969, pp. 103—112.
Reichenbach, Hans: Philosophie der Raum-Zeit-Lehre. Berlin, Leipzig, 1928.
Reid, John R.: Definitional Rules: Their Nature, Status, and Normative Function. The Journal of Philosophy XL (1943) pp. 188—192.
Rickert, Heinrich: Zur Lehre von der Definition. 3. Aufl., Tübingen, 1929.
Robinson, Richard: Definition. Oxford, 1954. Nachdruck 1965.
Russell, Bertrand: cf. Whitehead, Alfred N. und B. Russell.
Ryle, Gilbert und J. N. Findlay: Use, Usage and Meaning. Proceedings of the Aristotelian Society, Suppl. XXXV (1961) pp. 223—242.
Saussure, Ferdinand de: Grundfragen der Allgemeinen Sprachwissenschaft. Dt. Übers. v. H. Lommel. 2. Aufl., Berlin, 1967.
Savigny, Eike von: Die Philosophie der normalen Sprache. Frankfurt, 1969.
— Grundkurs im wissenschaftlichen Definieren. München, 1970.
Schaff, Adam: Essays über die Philosophie der Sprache. Frankfurt, Wien, 1968.
Schilpp, P. A. (Hg.): The Philosophy of Rudolf Carnap. La Salle (Ill.), London, 1963.
Schneider, Hans: Historische und systematische Untersuchungen zur Abstraktion. Diss., Erlangen, 1970.
Schwemmer, Oswald: Philosophie der Praxis — Versuch zur Grundlegung einer Lehre vom moralischen Argumentieren. Frankfurt, 1971.
Searle, John R.: What is a Speech Act? (1965). Nachdruck in: The Philosophy of Language, hg. v. J. R. Searle. Oxford, 1971, pp. 39—53.
— Speech Acts. An Eassay in the Philosophy of Language. Cambridge, 1969. Dt. Übers., Frankfurt, 1971.
Stegmüller, Wolfgang: Hauptströmungen der Gegenwartsphilosophie. 3. Aufl., Stuttgart, 1965.
— Gedanken über eine mögliche rationale Rekonstruktion von Kants Metaphysik der Erfahrung. Ratio IX (1967) pp. 1—30, X (1968) pp. 1—31.

— Probleme und Resultate der Wissenschaftstheorie und Analytischen Philosophie, Bd. II: Theorie und Erfahrung. Heidelberg, New York, 1970.
— cf. auch Carnap, Rudolf und W. Stegmüller.
Stevenson, Charles L.: Ethics and Language. New Haven, London, 1944.
Thiel, Christian: Sinn und Bedeutung in der Logik Gottlob Freges. Meisenheim a. Glan, 1965.
Trendelenburg, Adolf: Ueber das Element der Definition in Leibnizens Philosophie; in: ders.: Historische Beiträge zur Philosophie. III. Bd., Berlin, 1867, pp. 48—62.
Whitehead, Alfred N. und Bertrand Russell: Principia Mathematica, 3 Bde. (1910—1913). 2. Aufl., Cambridge, 1925—1927.
Wittgenstein, Ludwig: Tractatus Logico-Philosophicus (1921), dt.-engl. Ausg., London, 1961.
— Philosophische Untersuchungen, hg. v. G.E.M. Anscombe und R. Rhees, dt.-engl. Ausg., Oxford, 1953.
Wundt, Wilhelm: Logik, Bd. II. 4. Aufl., Stuttgart, 1920.

Personenregister

Abelson, R. 26, 64, 84—87
Ajdukiewicz, K. 116
Alston, W. P. 92
Austin, J. L. 64, 66 f., 125

Badura, B. 11, 81, 89, 98
Bar-Hillel, Y. 11, 80
Berkeley, G. 100
Bohnert, H. G. 59
Bolzano, B. 102 f., 119
Borkowski, L. 73
Bridgman, P. W. 57 f.

Cantor, G. 39
Carnap, R. 29, 55—61, 63, 68 f., 80, 109, 120 f., 125
Carroll, L. 7

Descartes 15, 102
Drobisch, M. W. 73
Dubislav, W. 38, 47, 52—55, 57

Essler, W. K. 57, 59
Euklid 31 f., 51

Findlay, J. N. 63
Frege, G. 14, 30—54, 56 f., 59, 63, 72 ff., 78, 84 f., 90—94, 97

Galilei 15
Gergonne, J. D. 38 f.

Habermas, J. 94, 106, 122
Hampshire, St. 67
Hanna, J. F. 121
Hempel, C. G. 59, 115 f.
Herder 100
Hilbert, D. 37 ff., 43, 49, 51, 53, 57, 59, 78, 94
Hobbes, 14, 15—21, 23 f., 33, 36, 46, 79, 84, 100
Hume, D. 100

Kambartel, F. 11, 38, 53, 57, 98, 103 f., 108, 110, 118 f.
Kamiński, S. 19
Kamlah, W. 68—82, 97, 102, 107—110
Kant 29, 40, 45 f., 73, 102, 116
Kaplan, A. 121
Krug, W. T. 102
Kutschera, F. v. 47, 97

Leibniz 14, 19—24, 26, 31, 33 f., 36, 40, 46, 79, 84, 98—101, 115 ff.
Locke, J. 117
Lorenz, K. 15, 63, 73 f., 76, 94, 101, 112, 117 ff.
Lorenzen, P. 68—82, 97, 105, 107—111
Lotze, H. 100
Lübbe, H. 89

Mill, J. St. 14, 21, 23—31, 33, 80, 84, 100
Mittelstraß, J. 11, 15, 94, 101, 117 ff.

Nicod, J. 41

Ogden, K. 90

Pap, A. 83
Pascal 32
Patzig, G. 20, 41
Pereda, C. 11
Platon 15, 84, 86, 117 f., 123
Popper, K. R. 80

Reichenbach, H. 53
Reid, J. R. 123
Richards, I. A. 90
Rickert, H. 73
Robinson, R. 26
Russell, B. 56, 85
Ryle, G. 63

Saussure, F. de 80
Savigny, E. v. 63, 67, 82
Schaff, A. 80

Schneider, H. 70
Schwemmer, O. 102, 104, 111 ff.
Searle, J. R. 28, 67 f., 125
Sheffer, H. M. 41
Sokrates 86, 123
Stegmüller, W. 57, 59 f.
Stevenson, Ch. L. 88—92

Thiel, C. 83
Thomae, J. K. 39
Trendelenburg, A. 98

Urmson, J. O. 67

Veraart, A. 11

Warnock, G. J. 67
Weierstraß, K. 39
Whewell, W. 29
Whitehead, A. N. 56
Wittgenstein, L. 14, 23, 53, 63—66, 84
Wundt, W. 115

Sachregister

Abstraktion 70, 72
Adäquatheit (Angemessenheit, Sachgemäßheit) 34, 42, 44, 48, 53 f., 59 f., 76 ff., 99 f., 103, 108 f., 119 f.
Alltagssprache 64—67
Analyse (Zerlegung) 17 f., 34, 36, 50, 99 f.
analytische/synthetische Sätze (Erkenntnisse) 45 f., 73
Anschluß(möglichkeiten) 36, 43, 45, 48, 51 f., 58, 78, 94
Antizipation 111, 113
Anzahl 44 ff.
Argumentation
— moralische 86 f.
— praktisch-philosophische 97 f., 114, 123
— transzendentalphilosophische 71, 95 f., 122
— zweckrationale 86 f.
Arithmetik 19, 30, 41—48, 70
— formale 43, 47, 53 f.
Axiom 15, 31 ff., 37, 50

Bedeutung 34, 88, 91
— emotive 88—93
Bedeutungsanalyse 25
Bedürfnisse 79, 81
Begriffserklärung 61
Begriffsgeschichte 125
Begriffsschrift 30 f.
Beispiele (Gegenbeispiele) 65 f., 69, 95, 101, 103 ff., 114
Beobachtungsbegriffe 57
Beraten 96
Bestimmung
— analytische 70—73, 78
— apriorische 70, 72
— exemplarische 69 f., 72, 77, 95, 109 f., 113 ff.
— synthetische 70, 72 f.
— terminologische 69 f., 77, 95

Beweis 35
Bildungssprache 98, 111
calculus ratiocinator 19, 31
characteristica universalis 19, 31

Definiendum 22, 40 f., 107
Definiens 18, 22 f., 40 f., 107
Definieren 49
— stückweises 48
Definitum 40
Definition 69—80, 86, 103 f., 106—110, 117
— analytische 17 ff., 33 f., 36 f., 39 f., 42 ff., 50, 58 f., 72 f., 93
— bedingte 56 f.
— Bewertung von D.en 84 f.
— denotative 95
— durch Induktion 55
— durch Postulate 33, 38, 57
— Eliminierbarkeit der D.en 41, 57
— explizite 38 f., 47, 55 ff., 97
— festsetzende (stipulative) 26
— Fruchtbarkeit der D.en 44 ff.
— genetische 115
— implizite 33, 37 ff., 57, 97
— induktive 70, 97
— kontextuale 56
— Legitimation von D.en 14, 58, 61, 63—82
— lexikalische 26, 70, 116
— operationale 57 f.
— ostensive 95, 116
— persuasive 88 ff.
— semantische 48
— syntaktische 48
— synthetische 17 ff., 21, 33 f., 39 f., 42, 59, 72 f., 93 f.
— Willkürlichkeit der D.en 14—61, 71, 76 f., 79 f., 82, 85 ff., 93, 119 f.
Definitionstheorie, formalistische/ inhaltliche 53 f.

deskriptiv/emotiv (Bedeutung, Termini) 88—93, 121 f.
deutlich cf. klar und deutlich
Deutungsvorschriften 53 ff., 57 f.
Dialog 95 f.
differentia specifica 99
Dispositionsbegriffe 56
Doppelpfeilregel 72—75, 102 ff., 106—110, 115 f.

einfach (Ausdruck, Begriff, Prädikator, Terminus, Zeichen) 17 ff., 34, 36, 41, 52, 98 f., 102 f.
Einheitswissenschaft 53
Erkenntnisinteresse 13, 43, 83 f., 86—90
Erklärung 65
Erläuterung 33, 36 ff., 43, 52, 59
esoterisch/exoterisch 120
Evidenz 32
exakt (Exaktheit) 63, 65 f. cf. Wissenschaft, exakte
Existenz(behauptung) 24, 31 ff.
Explikandum 59
Explikat 59
Explikation 29, 51 f., 58 ff., 70, 80, 110, 116, 120 f., 125

Familienähnlichkeit 65
Farbprädikatoren 102
Färbung 91—94
Festsetzung 26, 49
fiktionale Prädikatoren 115
fundamentum in re 20, 22 f.

Gebrauchsdefinition 55 f., 97
Gebrauchsprädikatoren 76
Gebrauchssprache 40 f., 48, 68 f., 73 ff., 76, 111, 125
Gegenbeispiele cf. Beispiele
genus proximum 99
Geometrie 15, 37, 39, 45 f., 70
Gott 23
Gottesbeweis, ontologischer 33
Grundbegriffe 20, 36, 39, 55

hermeneutisch (Hermeneutik) 77, 79, 111, 125
Herrschaft 82, 96, 105 f.
Hinweisdefinition 95, 116

idealtypisch 105
Ideologieverdacht 81
Interesse 43, 58 f., 80—85, 100, 109, 122, 125
— pragmatisches 83, 87—90, 94 ff.
— wissenschaftspolitisches 43, 80, 94
Interpretation 53, 57

Junktoren 41

Kalkül, formaler 53 f.
klar und deutlich 66, 100—103
Kleinkinder-Zahlen 42
Konventionalismus 32, 77 f.
Korrespondenzregeln 57
kunstsprachlich (Kunstsprache) 50, 85 ff.

Lautmalerei 91 f.
lebensweltlich 79
lingua characterica 19 f.
lingua characteristica (universalis) 19 f.
Logik, mathematische 14, 30, 53
Logischer Empirismus 14, 53—61, 63, 68, 84, 109, 120 f., 125
Logizismus 44, 48

Mathematik 19, 22, 30 f.
Mathesis Universalis 22
Merkmale 20 f., 99
Metaphysik 63 f.
Methodische Philosophie 68—82, 112, 125
Moralprinzip 112 f.

Neopositivismus 53
Nicodscher Junktor 41
Nominaldefinition 20 f., 23 f., 33, 59, 115, 117
Normierung (normativ) 29, 64 f., 67 f., 71, 84 f.

Operationalismus 57 f.
Ordinary Language Philosophy 23, 63—69, 84, 125

Philosophie 64 ff.
— praktische 14, 98, 107, 111 ff., 114, **121**, 125

135

Postulat 31
Prädikatorenregel 69, 72, 74, 77, 108
— definitorische 73

Realdefinition 20 f., 24, 33, 46, 55, 59, 115 ff.
Rechtfertigung 42, 50 f., 59, 78 f., 86 f., 111, 122 f.
Reflexionstermini 14, 97 f., 103—107, 109 f., 113 ff., 118, 121, 123, 125
Rekonstruktion (Nachkonstruktion) 42, 44, 52, 60 f., 78 ff., 85, 122, 125

Sacherklärung 55
Selbstzweck 87
Shefferscher Strich 41
Sinn 34, 91 ff.
Sprachgebrauch 24 ff., 36, 44, 63 ff., 67 f., 71
Sprachspiel 65
Streit um Worte cf. Wortstreit
Stuck-Definitionen 40 f.
Substitutionsvorschriften 53 ff., 58
Syllogistik 15, 21
System 31—37, 39, 41, 43, 48, 50 ff.
Szientismus 125

Tatsache 27 f.
— institutionelle 28
— natürliche 28
Terme, theoretische 57, 109
termini technici 66
Theorem 32
theoretisch/praktisch 50 ff., 54, 59

Umgangssprache 64, 76, 85
Umschreibung 19

undefinierbar 98
Unterscheidungen 65 ff., 79 ff., 95
usage 63
use 63

Vernunftwahrheiten 46
Verständigung 82, 96, 125
Verstehen 95 f.
Vorstellung 91 f.
Vorverständnis 29, 36, 42, 50 ff., 111, 125

Wahrheiten 15, 20 f., 24, 79
— erste 21, 31 ff.
— formal-analytische/material-analytische 76 f.
Werturteile 121
Wesensdefinition (-bestimmung) 44, 55, 116—120, 122 f.
Wiedererkennbarkeit 101
Wiener Kreis 14, 67
Wissenschaft 121
— Aufbau der W. 16, 18 f., 23, 68 f., 94 f.
— exakte (strenge) 14 f., 53, 93 f., 122
Wissenschaftssprache 53, 55, 68 f., 76
Wörterbuch 26, 63, 98
Wortgebrauch (-verwendung) 28 f., 42, 51, 63 f., 79
— Einigung über W. 95 f., 109, 120
Wortstreit (Streit um Worte) 51, 98, 100, 122

Zahl 44, 97
Zerlegung cf. Analyse
Zirkel 71, 122 f., 125
Zuordnungsdefinition 47, 53 f., 57
Zweckmäßigkeitsgründe 35 f., 43, 52